FABLES CHOISIES

MISES EN VERS

PAR MONSIEUR

DE LA FONTAINE.

TOME PREMIER.

C. N. Cochin. filius del.
le Fessard Sculp.

FABLES CHOISIES,

MISES EN·VERS

PAR MONSIEUR

DE LA FONTAINE,

AVEC

UN NOUVEAU COMMENTAIRE
par M. Coste, Membre de la Société Royale
de Londres.

Nouvelle édition, ornée de figures en taille-douce.

TOME PREMIER.

A PARIS,

M. DCC. XLVI.

Avec Approbation & Privilége du Roi.

A
MONSEIGNEUR
LE DAUPHIN. (1)

ONSEIGNEUR,

S'il y a quelque chose d'ingénieux dans la Répu-blique des Lettres, on peut dire que c'est la mani ére dont Esope a débité sa Morale. Il seroit véritab le-ment à souhaiter que d'autres mains que les miennes,

(1) Fils unique de Louis XIV.

Tome I.

a

y euſſent ajoûté les ornemens de la Poëſie ; puiſque le plus ſage des anciens a jugé qu'ils n'y étoient pas inutiles. J'oſe, MONSEIGNEUR, vous en préſenter quelques Eſſais. C'eſt un entretien convenable à vos premieres années. Vous étes en un âge où l'amuſement & les jeux ſont permis aux Princes ; mais en même temps vous devez donner quelques-unes de vos penſées à des réfléxions ſérieuſes. Tout celá ſe rencontre aux Fables que nous devons à Eſope. L'apparence en eſt puérile, je le confeſſe ; mais ces puérilités ſervent d'envelope à des vérités importantes. Je ne doute point, MONSEIGNEUR, que vous ne regardiez favorablement des Inventions ſi utiles, & tout enſemble ſi agréables : car que peut-on ſouhaiter davantage que ces deux points ? Ce ſont eux qui ont introduit les Sciences parmi les hommes. Eſope a trouvé un art ſingulier de les joindre l'un avec l'autre. La lecture de ſon Ouvrage répand inſenſiblement dans une ame les ſemences de la Vertu, & lui apprend à ſe connoître, ſans qu'elle s'apperçoive de cette étude, & tandis qu'elle croit faire toute autre choſe. C'eſt une adreſſe dont s'eſt ſervi très-heureuſement (2) celui ſur lequel Sa Majeſté a jetté les yeux pour vous donner des Inſtructions. Il fait en ſorte que vous apprenez ſans peine, ou, pour mieux parler, avec plaiſir, tout ce qu'il eſt néceſſaire qu'un Prince ſache. Nous eſpérons beaucoup de cette conduite ; mais, à dire la vérité, il y a des choſes, dont nous eſpérons infiniment da-

____

(2) M. Boſſuet, Evêque de Condom, & depuis de Meaux, Précepteur du Dauphin.

vantage. Ce font, MONSEIGNEUR, les qualités que notre invincible Monarque vous a données avec la Naiſſance ; c'eſt l'éxemple que tous les jours il vous donne. Quand vous le voyez former de ſi grands deſſeins ; quand vous le conſidérez qui regarde ſans s'étonner l'agitation de l'Europe, & les machines qu'elle remue pour le détourner de ſon entrepriſe ; quand il pénétre dès ſa premiere démarche juſques dans le cœur d'une (3) Province, où l'on trouve à chaque pas des barrieres inſurmontables, & qu'il en ſubjugue une autre en huit jours, pendant la ſai- ſon la plus ennemie de la guerre, lorſque le repos & les plaiſirs regnent dans les Cours des autres Princes ; quand non content de domter les hommes, il veut triompher auſſi des Elémens ; & quand, au retour de cette expédition, où il a vaincu comme un Alexandre, vous le voyez gouverner ſes Peuples comme un Auguſte. Avouez le vrai, MONSEIGNEUR, vous ſoupirez pour la gloire auſſi-bien que lui, mal- gré l'impuiſſance de vos années : vous attendez avec impatience le temps où vous pourrez vous déclarer ſon Rival dans l'amour de cette divine Maîtreſſe. Vous ne l'attendez pas, MONSEIGNEUR, vous le prévenez. Je n'en veux pour témoignage que ces nobles inquiétudes, cette vivacité, cette ardeur, ces marques d'eſprit, de courage & de grandeur d'ame, que vous faites paroître à tous les momens. Certaine- ment c'eſt une joie bien ſenſible à notre Monarque, mais c'eſt un ſpectacle bien agréable pour l'Univers, que de voir ainſi croître une jeune Plante, qui cou-

(3) La Hollande.

vrira un jour de son ombre tant de Peuples & de Nations. Je devrois m'étendre sur ce sujet ; mais comme le dessein que j'ai de vous divertir, est plus proportionné à mes forces que celui de vous louer, je me hâte de venir aux Fables, & n'ajoûterai aux vérités que je vous ai dites, que celle-ci. C'est MONSEIGNEUR, que je suis avec un zéle respectueux,

Votre très-humble, très-obéissant,
& très-fidéle Serviteur,
DE LA FONTAINE.

AVERTISSEMENT

CONCERNANT

LE COMMENTAIRE DE CES FABLES,

Publié pour la premiere fois en 1743.

IL y a plus de vingt ans qu'on ne réimprime plus les *Fables de la Fontaine*, en France, en Hollande, & ailleurs, qu'avec quantité de Notes, où l'on s'é-toit proposé d'expliquer tout ce qui pourroit em-barraffer les Enfans, auxquels, par un ufage fage-ment établi, l'on fait lire ces Fables, de fort bonne heure. Ce deffein étoit heureufement imaginé : mais l'Entrepreneur, incapable de le bien executer, n'a fait qu'obfcurcir la plûpart des expreffions de la Fontaine, qu'il prétendoit éclaircir. Comme la chofe eft généralement reconnue, & qu'on ne laiffe pour-tant pas de faire lire aux Enfans les Fables de la Fontaine dans des Editions défigurées par ce pré-tendu Commentateur, je n'ai pas crû mal employer quelques heures de mon loifir à le redreffer. Par là je me fuis mis infenfiblement dans la néceffité de refondre prefque toutes fes Notes, que j'ai trouvées ou fauffes, ou très-mal exprimées. Si j'en ai laiffé paffer quelques-unes que j'aurois dû corriger, je compte fur l'indulgence de tout Lecteur équitable, qui reconnoîtra fans peine, qu'un travail fi *vétilleux*

doit donner naturellement à l'esprit un certain dégoût qui ne peut que lui faire perdre un peu de son
attention. C'est du moins ce que j'ai éprouvé plus
d'une fois, & qui sans doute m'est arrivé plus souvent que je ne pense.

Ayant trouvé en même temps bien des fautes qui
gâtoient le sens & la mesure des Vers, je me suis fait
une affaire de corriger le texte par le moyen de
plusieurs Editions que j'ai consultées avec un soin
tout particulier. Celle de 1678. m'a servi plus
qu'aucune autre, à cause d'un bon *Errata* qu'en avoit
fait faire La Fontaine lui-même, qui nous dit expressément, que *si l'on veut avoir quelque plaisir dans
la lecture de son Ouvrage, il faut que chacun fasse corriger
ces fautes à la main dans son Exemplaire, ainsi qu'elles
font marquées par l'Errata de chaque Livre.*

Vous voyez par ces derniers mots, que La Fontaine avoit partagé ses Fables en différens Livres.
Cette division est absolument nécessaire dans un
Ouvrage de cette nature ; & je ne sai pourquoi les
Libraires ont osé l'abandonner. Je l'ai rétablie, par
respect pour l'Auteur, & parce qu'elle sert beaucoup à nous faire souvenir de chaque Fable en
particulier, & du lieu où l'on peut la retrouver, &
qu'elle détermine quantité de citations, qui ont été
répandues dans plusieurs de nos bons Livres François, avant qu'on eût pris la liberté de faire impri-
mer toutes les Fables de La Fontaine en un tas.
Le Libraire qui s'est avisé le premier de ce ridicule
expédient, a proscrit un *Avertissement* de La Fontaine, dans lequel ce célébre Auteur nous apprend

à la tête du *septiéme Livre* de ſes Fables, *qu'il avoit jugé à propos de donner à la plûpart des ſuivantes un air & un tour un peu différent de celui qu'il avoit donné aux premieres,* pour des raiſons dont on auroit pû tirer un profit conſidérable, ſi **La Fontaine** eût voulu nous les expliquer avec plus de préciſion, au lieu d'en laiſſer le ſoin à ſes Lecteurs, comme il a trouvé bon de le faire. J'ai remis cet Avertiſſement à ſa place, d'où il avoit été chaſſé par une licence tout-à-fait inexcuſable.

Voilà tout ce que j'ai fait pour rendre cette Edition plus parfaite que toutes celles qui paroiſſent depuis long-temps. Tout cela, dans le fond, ſe réduit à peu de choſe. *In tenui labor.* Mais je ſerai plus que ſatisfait de ce travail, quelque peu conſidérable qu'il ſoit, ſi ſur le tout je puis dire, que *ſans mériter des louanges, je me ſuis mis hors de blâme* ; Vitavi denique culpam, non laudem merui.

AVERTISSEMENT
Sur cette Edition de 1746.
Lequel est lié nécessairement avec le précédent.

J'ALLOIS commencer cet *Avertissement* par rendre compte, en peu de mots, des avantages de cette nouvelle Edition sur celle de 1743. quand j'ai appris que j'étois sévérement critiqué pour avoir rempli l'Edition de 1743. de Notes puériles, triviales, & fort communes. *C'est,* dit mon délicat Censeur, *ce que je me suis proposé dans les définitions des mots les* plus communs, *les plus usités, les plus familiers.* Mais bien éloigné de faire ces définitions-là, je n'y ai ni songé, ni pû songer, comme je le vais démontrer avec la derniere évidence. L'Auteur de ces Notes, qui m'ont toujours paru, à peu près, aussi triviales & *enfantines*, qu'à mon Censeur, les a publiées il y a plus de vingt ans, dans une Edition accompagnée d'une Approbation, signée par M. FONTENELLE, le 7. Juillet 1715. & c'est pour les Enfans qu'il les a composées, comme il le déclare lui-même dans un petit AVIS AU LECTEUR. De cette premiere Edition faite à Paris, ces Notes *enfantines* ont passé dans plusieurs Editions, imprimées à Paris, à Amsterdam, & ailleurs, où elles fourmillent encore, toujours copiées d'après l'Edition de 1715. Et voilà qui démontre évidemment,

que ce n'eft pas à moi qu'appartiennent les Notes *enfantines*, qui d'une de ces anciennes Editions
font entrées dans la mienne , & qu'il n'eft pas
poffible que *je me fois propofé* de les compofer moi-
même.

Que dirai-je maintenant du Cenfeur qui me les
a imputées tout ouvertement ? Rien qui puiffe lui
déplaire : c'eft que , *quoiqu'elles ne m'appartiennent pas
plus à moi qu'à lui-même* , il ne pouvoit que me les
attribuer, les voyant confondues avec les miennes.
C'étoit à moi à les diftinguer ; & d'abord , pour en
venir là , je me fuis propofé de les faire voir dans
cette nouvelle Edition , marquées par des Lettres
de notre Alphabet. Mais après avoir employé cinq
ou fix minutes à cet ennuyeux travail, je me fuis dé-
terminé tout d'un coup à l'abandonner. Ayant con-
fideré que pour donner diftinctement toutes ces
Notes à leur Auteur , je devois prendre la peine de
les recueillir une à une d'un Exemplaire où elles
ont été imprimées depuis long-temps, j'en ai ouvert
un , imprimé à Amfterdam en 1722. & muni de
l'Approbation que je viens de citer. A cette occafion , m'étant avifé d'obferver ces Notes avec plus
d'attention que je n'avois fait auparavant , j'ai vû
qu'en effet elles font, pour la plûpart, très-*enfantines* ,
trop triviales , trop communes , fans compter celles
que de vaines répétitions rendent extrêmement dé-
goûtantes ; & fur le champ , je les ai chaffées prefque toutes de la copie de cette nouvelle Edition ,
comme abfolument indignes de reparoître aux yeux
du Public.

Je vais préfentement indiquer en peu de mots, les avantages de cette nouvelle Edition fur celle de 1743. Plus agréable au Public, par cela même qu'elle fera dégagée de ce fatras de Notes triviales & *enfantines* dont celle-ci avoit été embrouillée, elle plaira davantage encore par la beauté du caractére, & par des Eftampes deffinées & gravées avec beaucoup de délicateffe, qui font voir à l'œil le fujet des *Fables de la Fontaine*, lefquelles charmeront toujours l'efprit des Lecteurs, par la noble fimplicité & le tour inimitable dont elles font écrites.

Quoique l'Edition de 1743. imprimée d'après les (1) meilleures qui ayent paru du vivant de **La Fontaine**, ait été très-bien reçue du Public, j'ofe dire que celle-ci à qui elle a fervi de copie, lui eft fuperieure, parce que j'ai épuré de quelques fautes d'impreffion affez confidérables l'Exemplaire qui a été mis entre les mains du *Compofiteur*, & que j'y ai rectifié la ponctuation en plufieurs endroits ; réparation dont bien des Lecteurs profiteront fans s'en appercevoir.

On trouvera d'ailleurs dans cette Edition plufieurs Notes toutes nouvelles, qui m'ont paru néceffaires. Sans m'arrêter ici à faire voir de quelle importance elles peuvent être, ce que je dois laiffer au jugement du Public, je conclus de ces petits avantages que cette Edition a gagné fur celle de 1743. qu'elle pourra fort bien fervir de modéle à

---

(1) *Savoir, celle qui fut imprimée* in-quarto *en* 1668. *une autre,* in-douze, *publiée en* 1678. *& un petit volume publié en* 1694. *qui contient* LES FABLES *dont eft compofé le* DOUZIE'ME LIVRE.

toutes celles qu'on fera à l'avenir, pourvû qu'on veuille bien prendre la peine de l'accompagner d'un bon *Errata.*

Nul Livre dont on fait plufieurs Editions, ne peut être confervé dans fa pureté originale fans cette précaution, qui ne peut être trop fortement recommandée, & que j'indique ici aux Libraires en faveur des Fables de La Fontaine. Car comme il échappe toujours de nouvelles fautes dans la nouvelle Edition d'un Livre (ce que tout correcteur reconnoît fans peine, & dont tout Lecteur attentif eft aifément convaincu) il eft impoffible qu'un Livre ne foit infenfiblement défiguré par les Editions qu'on continue d'en faire, fi l'on néglige d'en marquer *conftamment* les fautes dans un *Errata* fort exact. Il en eft d'un bon *Errata*, comme des Digues de la Hollande. Ces Digues bien entretenues, empêchent que la Hollande ne foit fubmergée. Un *Errata* exact empêche de même qu'un bon Livre ne foit gâté par les fautes qui s'y gliffent néceffairement toutes les fois qu'on l'imprime, & qu'enfin il n'en foit inondé, jufqu'à devenir le jouet & le mépris de ceux qui fans cela l'auroient acheté avec empreffement.

Une autre chofe dont je me crois obligé d'avertir encore le Public, c'eft que cette Edition ayant été *compofée* d'après les trois Editions que je viens d'indiquer (les meilleures fans doute qui ayent paru du vivant de La Fontaine) elle eft par cela même fort au-deffus de celles qui paroiffent depuis long-temps, où l'on a inféré des Piéces qui ne fe trouvent point dans le dernier volume des Fables, imprimé en 1694,

un an avant la mort de La Fontaine. Car ces Piéces
y ayant été introduites quelque temps après, fans la
moindre formalité qui tendît à en autorifer l'intro-
duction, l'on n'auroit pas dû les inférer parmi les
Fables de la Fontaine, fuppofé même qu'elles euffent été auffi dignes de leur être affociées, qu'elles
en font vifiblement indignes, comme il feroit aifé de
le prouver, fi c'en étoit ici le lieu.

A Paris le 10 *Janvier* 1746.
COSTE.

APPROBATION.

J'AI lû, par l'ordre de Monfeigneur le Chan-
celier, *les Fables choifies, mifes en Vers par M. de la
Fontaine, avec un Commentaire par M. Cofte.* Je n'y ai
rien trouvé qui ne foutienne parfaitement la réputa-
tion que M. Cofte, ce célébre Ecrivain, s'eft acquife
dans la République des Lettres, par fes favantes
Traductions, & par les judicieufes Remarques dont
il les a accompagnées. A Paris ce 2. Octobre 1742.
DANCHET.

PRÉFACE.

L'Indulgence que l'on a eûe pour quelques-unes de mes Fables, me donne lieu d'efperer la même grace pour ce Recueil. Ce n'eft pas (1) qu'un des Maîtres de notre Eloquence n'ait défapprouvé le deffein de les mettre en Vers. Il a cru que leur principal ornement eft de n'en avoir aucun : que d'ailleurs la contrainte de la Poëfie, jointe à la févérité de notre langue, m'embarrafferoient en beaucoup d'endroits, & banniroient de la plûpart de ces récits la bréveté, qu'on peut fort bien appeller l'ame du Conte, puifque fans elle il faut néceffairement qu'il languiffe. Cette opinion ne fauroit partir que d'un homme d'excellent goût : je demanderois feulement qu'il en relâchât quelque peu, & qu'il crût que les Graces Lacédémoniennes ne font pas tellement ennemies des Mufes Françoifes, que l'on ne puiffe fouvent les faire marcher de compagnie.

Après tout, je n'ai entrepris la chofe que fur l'éxemple, je ne veux pas dire des Anciens, qui ne tire point à conféquence pour moi, mais fur celui des Modernes. C'eft de tout temps, & chez tous les peuples qui font profeffion de Poëfie, que le Parnaffe a jugé ceci de fon appanage. A peine les Fables qu'on attribue à Efope, virent le jour, que Socrate trouva à propos de les habiller des livrées

______

(1) *Patru*, célébre Avocat au Parlement de Paris, & Membre de l'Académie Françoife.

des Muſes. Ce que Platon en rapporte eſt ſi agréable, que je ne puis m'empêcher d'en faire un des ornemens de cette Préface. Il dit que Socrate étant
condamné au dernier ſupplice, l'on remit l'exécution
de l'arrêt à cauſe de certaines fêtes. Cébès l'alla voir
le jour de ſa mort. Socrate lui dit, que les Dieux
l'avoient averti pluſieurs fois pendant ſon ſommeil,
qu'il devoit s'appliquer à la Muſique avant qu'il
mourût. Il n'avoit pas entendu d'abord ce que ce
ſonge ſignifioit : car comme la Muſique ne rend pas
l'homme meilleur, à quoi bon s'y attacher ? Il falloit
qu'il y eût du myſtére là-deſſous ; d'autant plus que
les Dieux ne ſe laſſoient point de lui envoyer la même inſpiration. Elle lui étoit encore venue une de
ces fêtes. Si bien qu'en ſongeant aux choſes que le
Ciel pouvoit exiger de lui, il s'étoit aviſé que la
Muſique & la Poëſie ont tant de rapport, que poſſible étoit-ce de la derniére qu'il s'agiſſoit. Il n'y a
point de bonne Poëſie ſans harmonie ; mais il n'y en
a point non plus ſans fictions ; & Socrate ne ſavoit
que dire la vérité. Enfin il avoit trouvé un tempéra-
ment. C'étoit de choiſir des Fables qui continſſent
quelque choſe de véritable, telles que ſont celles
d'Eſope. Il employa donc à les mettre en Vers les
derniers momens de ſa vie.

Socrate n'eſt pas le ſenl qui ait conſidéré comme
ſœurs, la Poëſie & nos Fables. Phédre a témoigné
qu'il étoit de ce ſentiment ; & par l'excellence de
ſon ouvrage, nous pouvons juger de celui du Prince
des Philoſophes. Après Phédre, Aviénus a traité le
même ſujet. Enfin, les Modernes les ont ſuivis.

Nous en avons des exemples non feulement chez les Etrangers, mais chez nous. Il eft vrai que lorfque nos gens y ont travaillé, la langue étoit fi différente de ce qu'elle eft, qu'on ne les doit confidérer que comme étrangers. Cela ne m'a point détourné de mon entreprife : au contraire, je me fuis flatté de l'efpérance, que fi je ne courois dans cette carriére avec fuccès, on me donneroit au moins la gloire de l'avoir ouverte.

Il arrivera poffible que mon travail fera naître à d'autres perfonnes l'envie de porter la chofe plus loin. Tant s'en faut que cette matiére foit épuifée, qu'il refte encore plus de Fables à mettre en Vers, que je n'en ai mis. J'ai choifi véritablement les meilleures, c'eft-à-dire celles qui m'ont femblé telles. Mais outre que je puis m'être trompé dans mon choix, il ne fera pas bien difficile de donner un autre tour à celles-là même que j'ai choifies ; & fi ce tour eft moins long, il fera fans doute plus approuvé. Quoiqu'il en arrive, on m'aura toujours obligation ; foit que ma témérité ait été heureufe, & que je ne me fois point trop écarté du chemin qu'il falloit tenir, foit que j'aie feulement excité les autres à mieux faire.

Je penfe avoir juftifié fuffifamment mon deffein : Quant à l'execution, le Public en fera juge. On ne trouvera pas ici l'élégance ni l'extrême bréveté qui rendent Phédre recommandable ; ce font qualités au-deffus de ma portée. Comme il m'étoit impoffible de l'imiter en cela, j'ai cru qu'il falloit en récompenfe égayer l'ouvrage plus qu'il n'a fait. Non

que je le blâme d'en être demeuré dans ces termes :
la langue Latine n'en demandoit pas davantage ; &
si l'on y veut prendre garde , on reconnoîtra dans
cet Auteur le vrai caractére & le vrai génie de Té-
rence. La simplicité est magnifique chez ces grands
hommes : moi qui n'ai pas les perfections du langage comme ils les ont eûes , je ne la puis élever à un
si haut point. Il a donc fallu se récompenser d'ailleurs : c'est ce que j'ai fait avec d'autant plus de har-
diesse , que Quintilien dit qu'on ne sauroit trop égayer
les Narrations. Il ne s'agit pas ici d'en apporter une
raison ; c'est assez que Quintilien l'ait dit. J'ai pourtant considéré que ces Fables étant sûes de tout le
monde , je ne ferois rien si je ne les rendois nouvelles par quelques traits qui en relevassent le goût.
C'est ce qu'on demande aujourd'hui. On veut de la
nouveauté & de la gaité. Je n'appelle pas gaité ce
qui excite le rire ; mais un certain charme , un air
agréable qu'on peut donner à toutes sortes de sujets,
même les plus sérieux.

Mais ce n'est pas tant par la forme que j'ai donnée à cet ouvrage qu'on en doit mesurer le prix, que
par son utilité & par sa matiére. Car qu'y a-t-il de
recommandable dans les productions de l'Esprit,
qui ne se rencontre dans l'Apologue : C'est quelque
chose de si divin, que plusieurs personnages de l'Antiquité ont attribué la plus grande partie de ces Fables
à Socrate, choisissant pour leur servir de Pere , celui
des mortels qui avoit le plus de communication avec
les Dieux. Je ne sai comme ils n'ont point fait descendre du Ciel ces mêmes Fables , & comme ils ne

leur

leur ont point affigné un Dieu qui en eût la direction, ainfi qu'à la Poëfie & à l'Eloquence. Ce que je dis n'eft pas tout-à-fait fans fondement; puifque, s'il m'eft permis de mêler ce que nous avons de plus facré parmi les erreurs du Paganifme, nous voyons que la Vérité a parlé aux hommes par Paraboles; & la Parabole eft-elle autre chofe que l'Apologue? c'eft-à-dire, un exemple fabuleux, & qui s'infinue avec d'autant plus de facilité & d'effet, qu'il eft plus commun & plus familier. Qui ne nous propoferoit à imiter que les Maîtres de la Sageffe, nous fourniroit un fujet d'excufe : il n'y en a point quand des Abeilles & des Fourmis font capables de cela même qu'on nous demande.

C'eft pour ces raifons que Platon ayant banni Homere de fa République, y a donné à Efope une place très-honorable. Il fouhaite que les Enfans fucent ces Fables avec le lait : il recommande aux nourrices de les leur apprendre : car on ne fauroit s'accoutumer de trop bonne heure à la fageffe & à la vertu. Plûtôt que d'être réduits à corriger nos habitudes, il faut travailler à les rendre bonnes, pendant qu'elles font encore indifférentes au bien ou au mal. Or quelle méthode y peut contribuer plus utilement que ces Fables? Dites à un enfant que Craffus allant contre les Parthes s'engagea dans leur Pays fans confidérer comment il en fortiroit : que cela le fit périr lui & fon armée, quelque effort qu'il fît pour fe retirer. Dites au même enfant, que le Renard & le Bouc defcendirent au fond d'un puits pour y éteindre leur foif ; que le Renard en fortit s'étant fervi

des épaules & des cornes de son camarade comme
d'une échelle : au contraire le Bouc y demeura pour
ne pas avoir eu tant de prévoyance ; & par conféquent
il faut confidérer en toute chofe la fin. Je demande
lequel de ces deux exemples fera le plus d'impreffion fur cet enfant, ne s'arrétera-t-il pas au dernier,
comme plus conforme & moins difproportionné que
l'autre à la petiteffe de fon efprit ? Il ne faut pas m'al-
léguer que les penfées de l'enfance font d'elles-mêmes affez enfantines, fans y joindre encore de nouvelles badineries. Ces badineries ne font telles qu'en
apparence ; car dans le fonds, elles portent un fens
très-folide. Et comme par la définition du Point,
de la Ligne, de la Surface, & par d'autres principes
très-familiers, nous parvenons à des connoiffances
qui mefurent enfin le Ciel & la Terre ; de même
auffi, par les raifonnemens & les conféquences que
l'on peut tirer de ces Fables, on fe forme le jugement & les mœurs, on fe rend capables des grandes
chofes.

Elles ne font pas feulement morales, elles donnent encore d'autres connoiffances. Les propriétés
des Animaux, & leurs divers caractéres y font ex-
primés : par conféquent les nôtres auffi, puifque
nous fommes l'abrégé de ce qu'il y a de bon & de
mauvais dans les créatures irraifonnables. Quand
Prométhée voulut former l'homme, il prit la qualité dominante de chaque bête. De ces piéces fi différentes il compofa notre efpéce : il fit cet ouvrage
qu'on appelle le petit monde. Ainfi ces Fables font
un Tableau où chacun de nous fe trouve dépeint.

Ce qu'elles nous repréſentent confirme les perſonnes d'âge avancé, dans les connoiſſances que l'uſage leur a données, & apprend aux enfans ce qu'il faut qu'ils ſachent. Comme ces derniers ſont nouveaux venus dans le monde, ils n'en connoiſſent pas encore les habitans; ils ne ſe connoiſſent pas eux-mêmes. On ne les doit laiſſer dans cette ignorance que le moins qu'on peut : il leur faut apprendre ce que c'eſt qu'un Lion, un Renard, ainſi du reſte ; & pourquoi l'on compare quelque fois un homme à ce Renard ou à ce Lion. C'eſt à quoi les Fables travaillent : les premieres notions de ces choſes proviennent d'elles.

J'ai déjà paſſé la longueur ordinaire des Préfaces, cependant je n'ai pas encore rendu raiſon de la conduite de mon Ouvrage. L'Apologue eſt compoſé de deux parties, dont on peut appeller l'une le Corps, l'autre l'Ame. Le corps eſt la Fable, l'ame eſt la Moralité. Ariſtote n'admet la Fable que dans les animaux ; il en exclut les hommes & les plantes. Cette régle eſt moins de néceſſité que de bienſéance, puiſque ni Eſope, ni Phédre, ni aucun des Fabuliſtes ne l'a gardée : tout au contraire de la Moralité dont aucun ne ſe diſpenſe. Que s'il m'eſt arrivé de le faire, ce n'a été que dans les endroits où elle n'a pû entrer avec grace, & où il eſt aiſé au Lecteur de la ſuppléer. *On ne conſidére en France que ce qui plaît. C'eſt la grande régle, & pour ainſi dire la ſeule.* Je n'ai donc pas cru que ce fût un crime de paſſer pardeſſus les anciennes coutumes, lorſque je ne pouvois les mettre en uſage ſans leur faire tort. Du temps d'Eſope,

la Fable étoit contée fimplement, la moralité fépa-
rée, & toujours enfuite. Phédre eft venu, qui ne
s'eft pas affujetti à cet ordre : il embellit la narra-
tion, & tranfporte quelquefois la moralité de la fin
au commencement. Quand il feroit néceffaire de lui
trouver place, je ne manque à ce précepte que pour
en obferver un qui n'eft pas moins important : c'eft
Horace qui nous le donne. Cet Auteur ne veut pas
qu'un Ecrivain s'opiniâtre contre l'incapacité de fon
efprit, ni contre celle de fa matiére. Jamais, à ce
qu'il prétend, un homme qui veut réuffir n'en vient
jufques-là ; il abandonne les chofes dont il voit bien
qu'il ne fauroit rien faire de bon.

> *Et quæ*
> *Defperat tractata nitefcere poffe, relinquit.*

C'eft ce que j'ai fait à l'égard de quelques moralités
du fuccès defquelles je n'ai pas bien efpéré.

Il ne refte plus qu'à parler de la Vie d'Efope.
Je ne vois prefque perfonne qui ne tienne pour fa-
buleufe celle que Planude nous a laiffée. On s'imagine que cet Auteur a voulu donner à fon Héros un
caractére & des Aventures qui répondiffent à fes
Fables. Cela m'a paru d'abord fpécieux ; mais j'ai
trouvé à la fin peu de certitude en cette critique.
Elle eft en partie fondée fur ce qui fe paffe entre
Xantus & Efope : on y trouve trop de niaiferies ; &
qui eft le Sage à qui de pareilles chofes n'arrivent
point ? Toute la vie de Socrate n'a pas été férieufe.
Ce qui me confirme en mon fentiment, c'eft que le
caractére que Planude donne à Efope, eft femblable

à celui que Plutarque lui a donné dans ſon Banquet
des Sept Sages, c'eſt-à-dire, d'un homme ſubtil, &
qui ne laiſſe rien paſſer. On me dira que le Banquet
des Sept Sages eſt auſſi une invention. Il eſt aiſé de
douter de tout : quant à moi, je ne vois pas bien
pourquoi Plutarque auroit voulu impoſer à la poſté-
rité dans ce Traité-là, lui qui fait profeſſion d'être
véritable par tout ailleurs, & de conſerver à chacun
ſon caractére. Quand cela feroit, je ne ferois que
mentir ſur la foi d'autrui : me croira-t-on moins que
ſi je m'arrête à la mienne? Car ce que je puis eſt de
compoſer un tiſſu de mes conjectures, lequel j'inti-
tulerai, Vie d'Eſope. Quelque vraiſemblable que je
le rende, on ne s'y aſſurera pas ; & Fable pour Fable,
le Lecteur préférera toujours celle de Planude à la
mienne.

LA VIE D'ESOPE
LE PHRYGIEN.

NOus n'avons rien d'affuré touchant la naiffance d'Homere & d'Esope. A peine même fait-on ce qui leur eft arrivé de plus remarquable. C'eft dont il y a lieu de s'étonner, vû que l'Hiftoire ne rejette pas des chofes moins agréables & moins néceffaires que celle-là. Tant de deftructeurs de Nations, tant de Princes fans mérite ont trouvé des gens qui nous ont appris jufqu'aux moindres particularités de leur vie ; & nous ignorons les plus importantes de celle d'Esope & d'Homere, c'eft-à-dire, des deux perfonnages qui ont le mieux mérité des fiécles fuivans. Car Homere n'eft pas feulement le pere des Dieux , c'eft auffi celui des bons Poëtes. Quant à Esope, il me femble qu'on le devoit mettre au nombre des Sages, dont la Gréce s'eft tant vantée ; lui qui enfeignoit la véritable Sageffe, & qui l'enfeignoit avec bien plus d'art que ceux qui en donnent des définitions & des régles. On a véritablement recueilli les vies de ces deux grands Hommes , mais la plûpart des Savans les tiennent toutes deux fabuleufes ; particuliérement celle que Planude a écrite. Pour moi, je n'ai pas voulu m'engager dans cette critique. Comme Planude vivoit dans un fiécle où la mémoire des chofes arrivées à Esope ne devoit pas être encore éteinte, j'ai cru qu'il favoit par tradition ce qu'il a laiſſé. Dans cette croyance, je l'ai ſuivi, ſans retrancher de ce qu'il a dit d'Eſope, que ce qui m'a ſemblé trop puéril, ou qui s'écartoit en quelque façon de la bienſéance.

Eſope étoit Phrygien, d'un Bourg appellé *Amorium*. Il nâquit vers la cinquante-ſeptiéme Olympiade, quelques deux cens ans après la fondation de Rome. On ne ſauroit dire s'il eut ſujet de remercier la Nature, ou bien de ſe plaindre d'elle : car en le douant d'un très-bel eſprit, elle le fit naître difforme & laid de viſage, ayant à peine figure d'homme ; juſqu'à lui refuſer preſqu'entiérement l'uſage de la parole. Avec ces défauts, quand il n'auroit pas été de condition à être Eſclave, il ne pouvoit manquer de le devenir. Au reſte, ſon ame ſe maintint toujours libre & indépendante de la Fortune.

Le premier Maître qu'il eut, l'envoya aux champs labourer la terre ; ſoit qu'il le jugeât incapable de toute autre choſe, ſoit pour s'ôter de devant les yeux un objet ſi déſagréable. Or il arriva que ce Maître étant allé voir ſa maiſon des champs, un Payſan lui donna des Figues : il les trouva belles, & les fit ſerrer fort ſoigneuſement, donnant ordre à ſon Sommelier, appellé Agathopus, de les lui apporter au ſortir du bain. Le hazard voulut qu'Eſope eut affaire dans le logis. Auſſi-tôt qu'il y fut entré, Agathopus ſe ſervit de l'occaſion, & mangea les Figues avec quelques-uns de ſes camarades : puis ils rejetterent cette friponnerie ſur Eſope, ne croyant pas qu'il ſe pût jamais juſtifier, tant il étoit bégue, & paroiſſoit idiot. Les châtimens dont les Anciens ufoient envers leurs Efclaves, étoient fort cruels, & cette faute très-puniffable. Le pauvre Efope fe jetta aux piéds de fon Maître, & fe faifant entendre du mieux qu'il put, il témoigna qu'il demandoit pour toute grace qu'on furfît de quelques momens fa punition. Cette grace lui ayant été accordée, il alla querir de l'eau tiéde, la but en préfence de fon Seigneur, fe mit les doigts dans la bouche, & ce qui s'enfuit, fans rendre autre chofe que cette eau feule. Après s'être ainfi juftifié, il fit figne qu'on obligeât les autres d'en faire autant. Chacun demeura furpris : on n'auroit pas cru qu'une telle invention pût partir d'Efope. Agathopus & fes camarades ne parurent point étonnés. Ils burent de l'eau comme le Phrygien avoit fait, & fe mirent les doigts dans la bouche, mais ils fe garderent bien de les enfoncer trop avant. L'eau ne laiffa pas d'agir, & de mettre en évidence les Figues toutes crues encore & toutes vermeilles. Par ce moyen Efope fe garantit : fes accufateurs furent punis doublement, pour leur gourmandife & pour leur méchanceté.

Le lendemain, après que leur Maître fut parti, & le Phrygien étant à fon travail ordinaire, quelques Voyageurs égarés (aucuns difent que c'étoient des Prêtres de Diane) le prierent au nom de Jupiter Hofpitalier, qu'il leur enfeignât le chemin qui conduifoit à la Ville. Efope les obligea premierement de fe repofer à l'ombre ; puis leur ayant préfenté une légere collation, il voulut être leur guide, & ne les quitta qu'après qu'il les eut remis dans leur chemin. Les bonnes gens leverent les mains au Ciel,

&

& prierent Jupiter de ne pas laisser cette action charitable sans récompense. A peine Esope les eut quit-
tés, que le chaud & la lassitude le contraignirent de
s'endormir. Pendant son sommeil il s'imagina que la
Fortune étoit debout devant lui, qui lui délioit la
langue, & par même moyen lui faisoit présent de cet
Art dont on peut dire qu'il est l'Auteur. Réjoui de
cette aventure, il s'éveilla en sursaut; & en s'éveil-
lant : Qu'est ceci ? dit-il, ma voix est devenue libre;
je prononce bien un rateau, une charrue, tout ce que
je veux. Cette merveille fut cause qu'il changea de
Maître. Car comme un certain Zénas qui étoit là en
qualité d'Oeconome, & qui avoit l'œil sur les Esclaves, en eut battu un outrageusement pour une faute
qui ne le méritoit pas, Esope ne put s'empêcher de
le reprendre, & le menaça que ses mauvais traite-
mens seroient sus. Zénas, pour le prévenir, & pour
se venger de lui, alla dire au Maître qu'il étoit arrivé
un prodige dans sa maison; que le Phrygien avoit
recouvré la parole, mais que le méchant ne s'en ser-
voit qu'à blasphêmer & à médire de leur Seigneur.
Le Maître le crut, & passa bien plus avant; car il
lui donna Esope, avec liberté d'en faire ce qu'il voudroit. Zénas, de retour aux champs, un Marchand
l'alla trouver, & lui demanda si pour de l'argent il
le vouloit accommoder de quelque Bête de somme.
Non pas cela, dit Zénas, je n'en ai pas le pouvoir;
mais je te vendrai, si tu veux, un de nos Esclaves.
Là-dessus, ayant fait venir Esope, le Marchand dit :
Est-ce afin de te moquer que tu me proposes l'achat
de ce personnage ? On le prendroit pour un Outre.

Dès que le Marchand eut ainsi parlé, il prit congé d'eux, partie murmurant, partie riant de ce bel objet. Esope le rappella, & lui dit : Achete-moi hardiment, je ne te ferai pas inutile. Si tu as des enfans qui crient & qui soient méchans, ma mine les fera taire : on les menacera de moi comme de la Bête. Cette raillerie plut au Marchand. Il acheta Notre Phrygien trois oboles, & dit en riant : Les Dieux soient loués ; je n'ai pas fait grande acquisition, à la vérité ; aussi n'ai-je pas déboursé grand argent.

Entr'autres denrées, ce Marchand trafiquoit d'Esclaves : si bien qu'allant à Ephese pour se défaire de ceux qu'il avoit, ce que chacun d'eux devoit porter pour la commodité du voyage fut départi selon leur emploi & selon leurs forces. Esope pria que l'on eût égard à sa taille ; qu'il étoit nouveau venu, & devoit être traité doucement. Tu ne porteras rien, si tu veux, lui repartirent ses camarades. Esope se piqua d'honneur, & voulut avoir sa charge comme les autres. On le laissa donc choisir. Il prit le Panier au pain, c'étoit le fardeau le plus pesant. Chacun crut qu'il l'avoit fait par bêtise : mais dès la dînée le Panier fut entamé, & le Phrygien déchargé d'autant : ainsi le soir, & de même le lendemain ; de façon qu'au bout de deux jours il marchoit à vuide. Le bon sens & le raisonnement du personnage furent admirés.

Quant au Marchand, il se défit de tous ses Esclaves, à la réserve d'un Grammairien, d'un Chantre, & d'Esope, lesquels il alla exposer en vente à Samos. Avant que de les mener sur la place, il fit habiller les deux premiers le plus proprement qu'il put, comme chacun farde fa marchandife : Efope au contraire né fut vétu que d'un fac, & placé entre fes deux compagnons, afin de leur donner luftre. Quelques acheteurs fe préfenterent, entr'autres un Philofophe appellé Xantus. Il demanda au Grammairien & au Chantre ce qu'ils favoient faire : Tout, reprirent-ils. Cela fit rire le Phrygien, on peut s'imaginer de quel air. Planude rapporte qu'il s'en fallut peu qu'on ne prît la fuite, tant il fit une effroyable grimace. Le Marchand fit fon Chantre mille oboles ; fon Grammairien trois mille ; & en cas que l'on achetât l'un des deux, il devoit donner Efope pardeffus le marché. La cherté du Grammairien & du Chantre dégoûta Xantus. Mais pour ne pas retourner chez foi fans avoir fait quelqu'emplette, fes difciples lui confeillerent d'acheter ce petit bout d'homme qui avoit ri de fi bonne grace : on en feroit un épouventail, il divertiroit les gens par fa mine. Xantus fe laiffa perfuader, & fit prix d'Efope à foixante oboles. Il lui demanda, devant que de l'acheter, à quoi il lui feroit propre, comme il l'avoit demandé à fes camarades. Efope répondit : A rien, puifque les deux autres avoient tout retenu pour eux. Les Commis de la Douane remirent généreufement à Xantus le fol pour livre, & lui en donnerent quittance fans rien payer.

Xantus avoit une femme de goût affez délicat, & à qui toutes fortes de gens ne plaifoient pas ; fi bien que de lui aller préfenter férieufement fon nouvel Efclave, il n'y avoit pas d'apparence, à moins qu'il ne la voulût mettre en colere, & se faire moquer de lui. Il jugea plus à propos d'en faire un sujet de plaisanterie, & alla dire au logis qu'il venoit d'acheter un jeune Esclave le plus beau du monde, & le mieux fait. Sur cette nouvelle, les filles qui servoient sa femme se penserent battre à qui l'auroit pour son serviteur ; mais elles furent bien étonnées quand le Personnage parut. L'une se mit la main devant les yeux, l'autre s'enfuit, l'autre fit un cri. La maîtresse du logis dit, que c'étoit pour la chasser qu'on lui amenoit un tel monstre ; qu'il y avoit long-temps que le Philosophe se lassoit d'elle. De parole en parole le différend s'échauffa jusqu'à tel point, que la femme demanda son bien, & voulut se retirer chez ses parens. Xantus fit tant par sa patience, & Esope par son esprit, que les choses s'accommoderent. On ne parla plus de s'en aller, & peut-être que l'accoutumance effaça à la fin une partie de la laideur du nouvel Esclave.

Je laisserai beaucoup de petites choses où il fit paroître la vivacité de son esprit : car quoiqu'on puisse juger par là de son caractére, elles sont de trop peu de conséquence pour en informer la postérité. Voici seulement un échantillon de son bon sens & de l'ignorance de son Maître. Celui-ci alla chez un Jardinier se choisir lui-même une salade. Les herbes cueillies, le Jardinier le pria de lui satisfaire l'esprit sur une difficulté qui regardoit la Philosophie aussi-bien que le Jardinage : c'est que les herbes qu'il plantoit & qu'il cultivoit avec un grand soin, ne profitoient point, tout au contraire de celles que la terre produifoit d'elle-même, fans culture ni amandement. Xantus rapporta le tout à la Providence, comme on a coutume de faire quand on eft court. Efope fe mit à rire ; & ayant tiré fon Maître à part, il lui confeilla de dire à ce Jardinier, qu'il lui avoit fait une réponfe ainfi générale, parce que la queftion n'étoit pas digne de lui ; il le laiffoit donc avec fon garçon, qui affurément le fatisferoit. Xantus s'étant allé promener d'un autre côté du Jardin, Efope compara la terre à une femme, qui ayant des enfans d'un premier mari, en épouferoit un fecond, qui auroit auffi des enfans d'une autre femme : fa nouvelle époufe ne manqueroit pas de concevoir de l'averfion pour ceux-ci, & leur ôteroit la nourriture, afin que les fiens en profitaffent. Il en étoit ainfi de la terre, qui n'adoptoit qu'avec peine les productions du travail & de la culture, & qui réfervoit toute fa tendreffe & tous fes bienfaits pour les fiennes feules : elle étoit marâtre des unes, & mere paffionnée des autres. Le Jardinier parut fi content de cette raifon, qu'il offrit à Efope tout ce qui étoit dans fon jardin.

Il arriva quelque temps après, un grand différend entre le Philofophe & fa femme. Le Philofophe étant de feftin, mit à part quelques friandifes, & dit à Efope : Va porter ceci à ma bonne amie. Efope l'alla donner à une petite Chienne qui étoit les délices de fon Maître. Xantus, de retour, ne manqua pas de demander des nouvelles de fon préfent, & fi on l'avoit trouvé bon. Sa femme ne comprenoit rien à ce langage : on fit venir Efope pour l'éclaircir. Xantus, qui ne cherchoit qu'un prétexte pour le faire battre, lui demande s'il ne lui avoit pas dit expreſſément : Va-t'en porter de ma part ces friandiſes à ma bonne amie ? Eſope répondit là-deſſus, que la bonne amie n'étoit pas la femme, qui, pour la moindre parole, menaçoit de faire un divorce ; c'étoit la Chienne, qui enduroit tout, & qui revenoit faire des careſſes après qu'on l'avoit battue. Le Philoſophe demeura court ; mais ſa femme entra dans une telle colere, qu'elle ſe retira d'avec lui. Il n'y eut parent ni ami par qui Xantus ne lui fît parler, ſans que les raiſons ni les priéres y gagnaſſent rien. Eſope s'aviſa d'un ſtratagême. Il acheta force gibier, comme pour une nôce conſidérable, & fit tant qu'il fut recontré par un des domeſtiques de ſa Maîtreſſe. Celui-ci lui demanda pourquoi tant d'apprêts. Eſope lui dit, que ſon Maître ne pouvant obliger ſa femme de revenir, en alloit épouſer une autre. Auſſi-tôt que la Dame ſut cette nouvelle, elle retourna chez ſon mari par eſprit de contradiction, ou par jalouſie. Ce ne fut pas ſans la garder bonne à Eſope, qui tous les jours faiſoit de nouvelles piéces à ſon Maître, & tous les jours ſe ſauvoit du châtiment par quelque trait de ſubtilité. Il n'étoit pas poſſible au Philoſophe de le confondre.

Un certain jour de marché, Xantus qui avoit deſſein de régaler quelques-uns de ſes amis, lui commanda d'acheter ce qu'il y avoit de meilleur, & rien autre choſe. Je t'apprendrai, dit en ſoi-même le Phrygien, à ſpécifier ce que tu ſouhaites, ſans t'en remettre à la diſcrétion d'un Eſclave. Il n'acheta donc que des Langues, leſquelles il fit accommoder à toutes les fauſſes : l'Entrée, le Second, l'Entre-mets, tout ne fut que langues. Les conviés louerent d'abord le choix de ce mets, à la fin ils s'en dégou-terent. Ne t'ai-je pas commandé, dit Xantus, d'a-cheter ce qu'il y auroit de meilleur ? Eh qu'y a-t-il de meilleur que la Langue ? reprit Eſope. C'eſt le lien de la vie civile, la clef des Sciences, l'organe de la vérité & de la raiſon. Par elle on bâtit les villes & on les police ; on inſtruit, on perſuade, on régne dans les aſſemblées, on s'acquitte du premier de tous les devoirs, qui eſt de louer les Dieux. Et bien, dit Xantus, (qui prétendoit l'attrapper) achete-moi de-main ce qui eſt de pire : ces mêmes perſonnes vien-dront chez moi ; je veux diverſifier.

Le lendemain Eſope ne fit ſervir que le même mets, diſant que la langue eſt la pire choſe qui ſoit au monde. C'eſt la mere de tous débats, la nourrice des procès, la ſource des diviſions & des guerres. Si on dit qu'elle eſt l'organe de la vérité, c'eſt auſſi celui de l'erreur, & qui pis eſt, de la calomnie. Par elle on détruit les Villes, on perſuade de méchantes choſes. Si, d'un côté, elle loue les Dieux, de l'au-tre, elle profére des blaſphêmes contre leur puiſſan-ce. Quelqu'un de la compagnie dit à Xantus, que véritablement ce valet lui étoit fort néceſſaire, car il ſavoit le mieux du monde exercer la patience d'un Philoſophe. Dequoi vous mettez-vous en peine ? reprit Eſope. Et trouve-moi, dit Xantus, un hom-me qui ne ſe mette en peine de rien.

Eſope alla le lendemain ſur la place ; & voyant un Payſan qui regardoit toutes choſes avec la froideur & l'indifférence d'une statue, il amena ce Paysan au logis. Voilà, dit-il à Xantus, l'homme sans souci que vous demandez. Xantus commanda à sa femme de faire chauffer de l'eau, de la mettre dans un bassin, puis de laver elle-même les piéds de son nouvel hôte. Le Paysan la laissa faire, quoiqu'il sût fort bien qu'il ne méritoit pas cet honneur ; mais il disoit en lui-même : c'est peut-être la coutume d'en user ainsi. On le fit asseoir au haut bout, il prit sa place sans cérémonie. Pendant le repas, Xantus ne fit autre chose que blâmer son cuisinier : rien ne lui plaisoit ; ce qui étoit doux, il le trouvoit trop salé ; & ce qui étoit trop salé, il le trouvoit trop doux. L'homme sans souci le laissoit dire, & mangeoit de toutes ses dents. Au dessert, on mit sur la table un gâteau, que la femme du Philosophe avoit fait : Xantus le trouva mauvais, quoiqu'il fût très-bon. Voilà, dit-il, la pâtisserie la plus méchante que j'aie jamais mangée : il faut brûler l'ouvriere, car elle ne me fera de sa vie rien qui vaille : qu'on apporte des fagots. Attendez, dit le Paysan, je m'en vais querir ma femme, on ne fera qu'un bûcher pour toutes les deux. Ce dernier trait désarçonna le Philosophe, & lui ôta l'espérance de jamais attraper le Phrygien.

Or ce n'étoit pas seulement avec son Maître, qu'Esope trouvoit occasion de rire, & de dire des bons mots. Xantus l'avoit envoyé en certain endroit: il rencontra en chemin le Magistrat, qui lui demanda où il alloit. Soit qu'Esope fût distrait, ou pour une autre raison, il répondit qu'il n'en savoit rien. Le Magistrat tenant à mépris & irrévérence cette réponse, le fit mener en prison. Comme les Huiffiers le conduisoient : Ne voyez-vous pas, dit-il, que j'ai très-bien répondu ? Savois-je que l'on me feroit aller où je vais ? Le Magiſtrat le fit relâcher, & trouva Xantus heureux d'avoir un Esclave ſi rempli d'eſprit.

Xantus, de ſa part, voyoit par là, de quelle importance il lui étoit de ne point affranchir Eſope ; & combien la poſſeſſion d'un tel Eſclave lui faiſoit d'honneur. Même un jour, faiſant la débauche avec ſes diſciples, Eſope qui les ſervoit, vit que les fumées leur échauffoient déjà la cervelle, auſſi-bien au Maître qu'aux Ecoliers. La débauche de vin, leur dit-il, a trois degrés ; le premier, de volupté ; le ſecond, d'ivrognerie ; le troiſiéme, de fureur. On ſe moqua de ſon obſervation, & on continua de vuider les pots. Xantus s'en donna juſqu'à perdre la raiſon, & à ſe vanter qu'il boiroit la mer. Cela fit rire la compagnie. Xantus ſoutint ce qu'il avoit dit, gagea ſa maiſon qu'il boiroit la mer toute entiére ; & pour aſſurance de la gageure, il dépoſa l'anneau qu'il avoit au doigt.

Le jour ſuivant, que les vapeurs de Bacchus furent diſſipées, Xantus fut extrêmement ſurpris de ne plus trouver ſon anneau, lequel il tenoit fort cher. Eſope lui dit qu'il étoit perdu, & que ſa maiſon l'étoit auſſi, par la gageure qu'il avoit faite. Voilà le Philoſophe bien alarmé. Il pria Eſope de lui enſeigner une défaite. Eſope s'aviſa de celle-ci.

Quand le jour qu'on avoit pris pour l'exécution de la gageure fut arrivé, tout le peuple de Samos accourut au rivage de la mer, pour être témoin de la honte du Philofophe. Celui de fes Difciples qui avoit gagé contre lui, triomphoit déjà. Xantus dit à l'Af-femblée : Meffieurs, j'ai gagé véritablement que je boirois toute la mer, mais non les fleuves qui entrent dedans : c'eft pourquoi, que celui qui a gagé contre moi détourne leur cours, & puis je ferai ce que je me fuis vanté de faire. Chacun admira l'expédient que Xantus avoit trouvé, pour fortir à fon honneur d'un fi mauvais pas. Le Difciple confeffa qu'il étoit vain-cu, & demanda pardon à fon Maître. Xantus fut re-conduit jufqu'en fon logis avec acclamation.

Pour récompenfe, Efope lui demanda la liberté. Xantus la lui refufa, & dit que le temps de l'affran-chir n'étoit pas encore venu : fi toutefois les Dieux l'ordonnoient ainfi, il y confentoit : partant, qu'il prît garde au premier préfage qu'il auroit étant forti du logis : s'il étoit heureux, & que par exemple deux Corneilles fe préfentaffent à fa vûe, la liberté lui fe-roit donnée : s'il n'en voyoit qu'une, qu'il ne fe laffât point d'être Efclave. Efope fortit auffi-tôt. Son Maître étoit logé à l'écart, & apparemment vers un lieu couvert de grands arbres. A peine notre Phry-gien fut hors, qu'il apperçut deux Corneilles qui s'a-battirent fur le plus haut. Il en alla avertir fon Maî-tre, qui voulut voir lui-même s'il difoit vrai. Tandis que Xantus venoit, une des Corneilles s'envola. Me tromperas-tu toujours ? dit-il à Efope : qu'on lui donne les étriviéres. L'ordre fut exécuté. Pendant le fupplice du pauvre Efope, on vint inviter Xantus à un repas : il promit qu'il s'y trouveroit. Hélas !

s'écria Esope, les présages sont bien menteurs! moi qui ai vû deux Corneilles, je suis battu; mon Maître qui n'en a vû qu'une, est prié de nôces. Ce mot plut tellement à Xantus, qu'il commanda qu'on cessât de fouetter Esope: mais quant à la liberté, il ne se pouvoit résoudre à la lui donner, encore qu'il la lui promît en diverses occasions.

Un jour ils se promenoient tous deux parmi de vieux monumens, considérant avec beaucoup de plaisir les Inscriptions qu'on y avoit mises. Xantus en apperçut une qu'il ne put entendre, quoiqu'il demeurât long-temps à en chercher l'explication. Elle étoit composée (1) des premiéres lettres de certains mots. Le Philosophe avoua ingénument que cela passoit son esprit. Si je vous fais trouver un trésor par le moyen de ces lettres, lui dit Esope, quelle récompense aurai-je? Xantus lui promit la liberté, & la moitié du trésor. Elles signifient, poursuivit Esope, qu'à quatre pas de cette colonne nous en trouverons un. En effet ils le trouverent, après avoir creusé quelque peu dans la terre. Le Philosophe fut sommé de tenir parole; mais il reculoit toujours. Les Dieux me gardent de t'affranchir, dit-il à Esope, que tu ne m'ayes donné avant cela l'intelligence de ces lettres: ce me sera un autre trésor plus précieux que celui lequel nous avons trouvé. On les a ici gravées, poursuivit Esope, comme étant les premiéres lettres de ces mots: Ἀποβας, βηματα, &c. C'est-à-dire, *Si vous reculez quatre pas, & que vous creusiez, vous trouverez un trésor.* Puisque tu es si subtil, repartit Xantus,

(1) α β δ ο ε θ χ.

j'aurois tort de me défaire de toi : n'efpere donc pas que je t'affranchiſſe. Et moi, repliqua Eſope, je vous dénoncerai au Roi Denys ; car c'eſt à lui que le tréſor appartient ; & ces mêmes lettres commencencent d'autres mots qui le ſignifient. Le Philoſophe intimidé, dit au Phrygien qu'il prît ſa part de l'argent & qu'il n'en dît mot ; de quoi Eſope déclara ne lui avoir aucune obligation, ces lettres ayant été choiſies de telle maniére qu'elles enfermoient un triple ſens, & ſignifioient encore, *En vous en allant, vous partagerez le tréſor que vous aurez rencontré.* Dès qu'il fut de retour, Xantus commanda que l'on enfermât le Phrygien, & que l'on lui mît les fers aux piéds, de crainte qu'il n'allât publier cette aventure. Hélas ! s'écria Eſope, eſt-ce ainſi que les Philoſophes s'acquittent de leurs promeſſes ? Mais faites ce que vous voudrez, il faudra que vous m'affranchiſſiez malgré vous.

Sa prédiction ſe trouva vraie. Il arriva un prodige qui mit fort en peine les Samiens. Un Aigle enleva l'Anneau public (c'étoit apparemment quelque Sceau que l'on appoſoit aux délibérations du Conſeil) & le fit tomber au ſein d'un Eſclave. Le Philoſophe fut conſulté là-deſſus, & comme étant Philoſophe, & comme étant un des premiers de la République. Il demanda temps, & eut recours à ſon Oracle ordinaire : c'étoit Eſope. Celui-ci lui conſeilla de le produire en public ; parce que s'il rencontroit bien, l'honneur en ſeroit toujours à ſon Maître ; ſinon, il n'y auroit que l'Eſclave de blâmé. Xantus approuva la choſe, & le fit monter à la Tribune aux Harangues. Dès qu'on le vit, chacun ſ'éclata de rire ; personne ne s'imagina qu'il pût rien partir de raisonnable d'un homme fait de cette maniére. Esope leur dit, qu'il ne falloit pas considérer la forme du vase, mais la liqueur qui y étoit enfermée. Les Samiens lui crierent qu'il dît donc sans crainte ce qu'il jugeoit de ce prodige. Esope s'en excusa sur ce qu'il n'osoit le faire. La Fortune, disoit-il, avoit mis un débat de gloire entre le Maître & l'Esclave : si l'Esclave disoit mal, il seroit battu : s'il disoit mieux que le Maître, il seroit battu encore. Aussi-tôt on pressa Xantus de l'affranchir. Le Philosophe résista long-temps. A la fin le Prévôt de Ville le menaça de le faire de son office, & en vertu du pouvoir qu'il en avoit, comme Magistrat ; de façon que le Philosophe fut obligé d'y donner les mains. Cela fait, Esope dit que les Samiens étoient menacés de servitude par ce prodige ; & que l'Aigle enlevant leur Sceau, ne signifioit autre chose qu'un Roi puissant qui vouloit les assujettir.

Peu de temps après, Crésus Roi des Lydiens fit dénoncer à ceux de Samos, qu'ils eussent à se rendre ses tributaires ; sinon, qu'il les y forceroit par les armes. La plûpart étoient d'avis qu'on lui obéît. Esope leur dit que la Fortune présentoit deux chemins aux hommes ; l'un, de liberté, rude & épineux au commencement, mais dans la suite très-agréable; l'autre, d'esclavage, dont les commencemens étoient plus aisés, mais la suite laborieuse. C'étoit conseiller assez intelligiblement aux Samiens de défendre leur liberté. Ils renvoyerent l'Ambassadeur de Crésus avec peu de satisfaction.

Créfus fe mit en état de les attaquer. L'Ambaffadeur lui dit, que tant qu'ils auroient Efope avec eux, il auroit peine à les réduire à fes volontés, vû la confiance qu'ils avoient au bon fens du perfonnage. Créfus le leur envoya demander, avec promeffe de leur laiffer la liberté s'ils le lui livroient. Des principaux de la Ville trouverent ces conditions avantageufes, & ne crurent pas que leur repos leur coûtât trop cher, quand ils l'acheteroient aux dépens d'Efope. Le Phrygien leur fit changer de fentiment, en leur contant que les Loups & les Brebis ayant fait un Traité de paix, celles-ci donnerent leurs Chiens pour ôtages. Quand elles n'eurent plus de défenfeurs, les Loups les étranglerent avec moins de peine qu'ils ne faifoient. Cet Apologue fit fon effet : les Samiens prirent une délibération toute contraire à celle qu'ils avoient prife. Efope voulut toutefois aller vers Créfus, & dit qu'il les ferviroit plus utilement étant près du Roi, que s'il demeuroit à Samos.

Quand Créfus le vit, il s'étonna qu'une fi chétive créature lui eût été un fi grand obftacle. Quoi! voilà celui qui fait qu'on s'oppofe à mes volontés! s'écria-t-il. Efope fe profterna à fes piéds. Un homme prenoit des Sauterelles, dit-il : une Cigale lui tomba auffi fous la main. Il s'en alloit la tuer comme il avoit fait les Sauterelles. Que vous ai-je fait ? dit-elle à cet homme : je ne ronge point vos bléds ; je ne vous procure aucun dommage ; vous ne trouverez en moi que la voix, dont je me fers fort innocemment. Grand Roi, je reffemble à cette Cigale, je n'ai que la voix, & ne m'en fuis point fervi pour vous offenfer. Créfus, touché d'admiration & de pitié, non feulement lui pardonna, mais il laiffa en repos les Samiens à fa confidération.

En ce temps-là le Phrygien compofa fes Fables, lefquelles il laiffa au Roi de Lydie, & fut envoyé par lui vers les Samiens, qui décernerent à Efope de grands honneurs. Il lui prit auffi envie de voyager, & d'aller par le monde, s'entretenant de diverfes chofes avec ceux que l'on appelloit Philofophes. Enfin, il fe mit en grand crédit près de Lycérus, Roi de Babylone. Les Rois d'alors s'envoyoient les uns aux autres des Problêmes à foudre fur toutes fortes de matiéres, à condition de fe payer une efpéce de tribut ou d'amende, felon qu'ils répondroient bien ou mal aux queftions propofées : en quoi Lycérus, affifté d'Efope, avoit toujours l'avantage, & fe rendoit illuftre parmi les autres, foit à réfoudre, foit à propofer.

Cependant notre Phrygien fe maria, & ne pouvant avoir d'enfans, il adopta un jeune homme d'extraction noble, appellé Ennus. Celui-ci le paya d'ingratitude, & fut fi méchant que d'ofer fouiller le lit de fon bienfaiteur. Cela étant venu à la connoiffance d'Efope, il le chaffa. L'autre, afin de s'en venger, contrefit des Lettres, par lefquelles il fembloit qu'Efope eût intelligence avec les Rois qui étoient émules de Lycérus. Lycérus perfuadé par le cachet & par la fignature de ces Lettres, commanda à un de ces Officiers nommé Hermippus, que fans autre enquête, il fît mourir promptement le traître Efope. Cet Hermippus étant ami du Phrygien, lui fauva la

vie, & à l'infu de tout le monde, le nourrit long-
temps dans un fépulcre, jufqu'à ce que Nectenabo
Roi d'Egypte, fur le bruit de la mort d'Efope, crut
à l'avenir rendre Lycérus fon tributaire. Il ofa le
provoquer, & le défia de lui envoyer des Architectes
qui fuffent bâtir une tour en l'air, & par même
moyen, un homme prêt à répondre à toutes fortes
de queftions. Lycérus ayant lû les Lettres, & les
ayant communiquées aux plus habiles de fon Etat,
chacun d'eux demeura court; ce qui fit que le Roi
regretta Efope : quand Hermippus lui dit qu'il n'é-
toit pas mort, il le fit venir. Le Phrygien fut très-
bien reçu, fe juftifia, & pardonna à Ennus. Quant à
la Lettre du Roi d'Egypte, il n'en fit que rire, &
manda qu'il envoyeroit au Printemps les Architectes
& le Répondant à toutes fortes de queftions. Lycérus remit Efope en poffeffion de tous fes biens, & lui
fit livrer Ennus pour en faire ce qu'il voudroit. Efope
le reçut comme fon enfant; &, pour toute punition,
lui recommanda d'honorer les Dieux & fon Prince,
fe rendre terrible à fes ennemis, facile & commode
aux autres ; bien traiter fa femme, fans pourtant lui
confier fon fecret; parler peu, & chaffer de chez foi
les babillards ; ne fe point laiffer abattre aux malheurs ; avoir foin du lendemain, car il vaut mieux
enrichir fes ennemis par fa mort, que d'être importun
à fes amis pendant fon vivant ; fur tout, n'être point
envieux du bonheur ni de la vertu d'autrui, d'autant
que c'eft fe faire du mal à foi-même. Ennus touché
de ces avertiffemens & de la bonté d'Efope, comme
un trait qui lui auroit pénétré le cœur, mourut peu
de temps après.   Pour

Pour revenir au défi de Necténabo, Esope choisit
des Aiglons, & les fit instruire (chose difficile à
croire) il les fit, dis-je instruire à porter en l'air chacun un panier, dans lequel étoit un jeune enfant. Le
Printemps venu, il s'en alla en Egypte avec tout cet
équipage ; non sans tenir en grande admiration & en
attente de son dessein les Peuples chez qui il passoit.
Necténabo, qui sur le bruit de sa mort, avoit envoyé
l'énygme, fut extrêmement surpris de son arrivée.
Il ne s'y attendoit pas ; & ne se fût jamais engagé
dans un tel défi contre Lycérus, s'il eût cru Esope
vivant. Il lui demanda s'il avoit amené les Architectes
& le Répondant. Esope dit, que le Répondant étoit
lui-même, & qu'il feroit voir les Architectes quand
il feroit sur le lieu. On sortit en pleine campagne,
où les Aigles enleverent les paniers avec les petits
enfans, qui crioient qu'on leur donnât du mortier,
des pierres & du bois. Vous voyez, dit Esope à Necténabo, que je vous ai trouvé les Ouvriers, four-
nissez-leur des matériaux. Necténabo avoua que
Lycérus étoit le vainqueur. Il proposa toutefois ceci
à Esope. J'ai des Cavales en Egypte qui conçoivent
au hannissement des Chevaux qui sont devers Babylone : Qu'avez-vous à répondre là-dessus ? Le
Phrygien remit sa réponse au lendemain ; & retourné
qu'il fut au logis, il commanda à des enfans de prendre un Chat, & de le mener fouettant par les rues.
Les Egyptiens qui adorent cet animal, se trouverent
extrêmement scandalisés du traitement que l'on lui
faisoit. Ils l'arracherent des mains des enfans, & al-

Tome I.   d

lerent se plaindre au Roi. On fit venir en sa présence le Phrygien. Ne savez-vous pas, lui dit le Roi, que cet animal est un de nos Dieux ? Pourquoi donc le faites-vous traiter de la sorte ? C'est pour l'offense qu'il a commise envers Lycérus, reprit Esope : car la nuit derniére il lui a étranglé un Coq extrêmement courageux, & qui chantoit à toutes les heures. Vous êtes un menteur, repartit le Roi : comment seroit-il possible que ce Chat eût fait en si peu de temps un si long voyage ? Et comment est-il possible, reprit Esope, que vos Jumens entendent de si loin nos Chevaux hannir, & conçoivent pour les entendre ?

Ensuite de cela, le Roi fit venir d'Héliopolis certains personnages d'esprit subtil, & savans en questions énigmatiques. Il leur fit un grand régal, où le Phrygien fut invité. Pendant le repas, ils proposerent à Esope diverses choses : celle-ci entr'autres : Il y a un grand Temple qui est appuyé sur une colonne entourée de douze Villes, chacune desquelles a trente Arcboutans, & autour de ces Arcboutans se promenent, l'une après l'autre, deux femmes, l'une blanche, & l'autre noire. Il faut renvoyer, dit Esope, cette question aux petits enfans de notre Pays. Le Temple est le Monde, la colonne, l'An, les villes, ce sont les Mois, & les arcboutans, les Jours, autour desquels se promenent alternativement le Jour & la Nuit.

Le lendemain Necténabo assembla tous ses amis. Souffrirez-vous, leur dit-il, qu'une moitié d'homme, qu'un avorton soit la cause que Lycérus remporte le prix, & que j'aye la confufion pour mon partage ? Un d'eux s'avifa de demander à Efope qu'il leur fît des queftions de chofes dont ils n'euffent jamais entendu parler. Efope écrivit une Cédule, par laquelle Necténabo confeffoit de devoir deux mille talens à Lycérus. La Cédule fut mife entre les mains de Necténabo, toute cachetée. Avant qu'on l'ouvrît, les amis du Prince foutinrent que la chofe contenue dans cet écrit étoit de leur connoiffance. Quand on l'eut ouverte, Necténabo s'écria : Voilà la plus grande fauffeté du monde : je vous en prens à témoins tous tant que vous étes. Il eft vrai, repartirent-ils, que nous n'en avons jamais entendu parler. J'ai donc fatisfait à votre demande, reprit Efope. Necténabo le renvoya comblé de préfens, tant pour lui que pour fon Maître.

Le féjour qu'il fit en Egypte eft peut-être caufe que quelques-uns ont écrit qu'il fut Efclave avec Rhodopé, celle-là qui, des liberalités de fes amans, fit élever une des trois Pyramides qui fubfiftent encore, & qu'on voit avec admiration : c'eft la plus petite, mais celle qui eft bâtie avec plus d'art.

Efope, à fon retour dans Babylone, fut reçû de Lycérus avec de grandes démonftrations de joie & de bienveillance : ce Roi lui fit ériger une Statue. L'envie de voir & d'apprendre le fit renoncer à tous ces honneurs. Il quitta la Cour de Lycérus, où il avoit tous les avantages qu'on peut fouhaiter, & prit congé de ce Prince pour voir la Gréce encore une fois. Lycérus ne le laiffa pas partir fans embraffemens & fans larmes, & fans le faire promettre fur les Autels, qu'il reviendroit achever fes jours auprès de lui.

Entre les Villes où il s'arrêta, Delphes fut une des principales. Les Delphiens l'écouterent fort volontiers, mais ils ne lui rendirent point d'honneurs. Efope, piqué de ce mépris, les compara aux Bâtons qui flotent fur l'onde : on s'imagine de loin que c'eft quelque chofe de confidérable : de près on trouve que ce n'eft rien. La comparaifon lui coûta cher. Les Delphiens en conçurent une telle haine, & un fi violent defir de vengeance (outre qu'ils craignoient d'être décriés par lui) qu'ils réfolurent de l'ôter du monde. Pour y parvenir, ils cacherent parmi fes hardes un de leurs Vafes facrés, prétendant que par ce moyen ils convaincroient Efope de vol & de facrilége, & qu'ils le condamneroient à la mort.

Comme il fut forti de Delphes, & qu'il eut pris le chemin de la Phocide, les Delphiens accoururent comme des gens qui étoient en peine. Ils l'accuferent d'avoir dérobé leur Vafe. Efope le nia avec des fermens : on chercha dans fon équipage, & il fut trouvé. Tout ce qu'Efope put dire, n'empêcha point qu'on le traitât comme un criminel infâme. Il fut ramené à Delphes, chargé de fers, mis dans des cachots, puis condamné à être précipité. Rien ne lui fervit de fe défendre avec fes armes ordinaires, & de raconter des Apologues : les Delphiens s'en moquerent.

La Grenouille, leur dit-il, avoit invité le Rat à

la venir voir. Afin de lui faire traverfer l'onde, elle l'attacha à fon piéd. Dès qu'il fut fur l'eau, elle voulut le tirer au fond, dans le deffein de le noyer, & d'en faire enfuite un repas. Le malheureux Rat réfifta quelque peu de temps. Pendant qu'il fe débattoit fur l'eau, un Oifeau de proie l'apperçut, fondit fur lui, & l'ayant enlevé avec la Grenouille qui ne fe put détacher, il fe reput de l'un & de l'autre. C'eft ainfi, Delphiens abominables, qu'un plus puiffant que nous me vengera : je périrai, mais vous périrez auffi.

Comme on le conduifoit au fupplice, il trouva moyen de s'échapper, & entra dans une petite Chapelle dédiée à Apollon. Les Delphiens l'en arracherent. Vous violez cet afyle, leur dit-il, parce que ce n'eft qu'une petite Chapelle : mais un jour viendra que votre méchanceté ne trouvera point de retraite fûre, non pas même dedans les Temples. Il vous arrivera la même chofe qu'à l'Aigle, laquelle nonobftant les prieres de l'Efcarbot, enleva un Liévre qui s'étoit réfugié chez lui. La génération de l'Aigle en fut punie jufque dans le giron de Jupiter. Les Delphiens peu touchés de tous ces exemples, le précipiterent.

Peu de temps après fa mort, une pefte très-violente exerça fur eux fes ravages. Ils demanderent à l'Oracle par quels moyens ils pourroient appaifer le courroux des Dieux. L'Oracle leur répondit, qu'il n'y en avoit point d'autre que d'expier leur forfait, & fatisfaire aux Mânes d'Efope. Auffi-tôt une

Pyramide fut élevée. Les Dieux ne témoignerent pas feuls combien ce crime leur déplaifoit : les hommes vengerent auffi la mort de leur Sage. La Gréce envoya des Commiffaires pour en informer, & en fit une punition rigoureufe.

TABLE DES FABLES

CONTENUES

DANS LE TOME PREMIER.

LIVRE PREMIER.

LIVRE TROISIÉME.

LIVRE CINQUIÉME.

LIVRE SIXIÉME.

Fin de la Table du Tome premier.

FABLES CHOISIES

MISES EN VERS

PAR MONSIEUR

DE LA FONTAINE.

A MONSEIGNEUR LE DAUPHIN.

JE chante les Héros dont (1) Esope est le pere,
Troupe de qui l'Histoire encor que mensongere,
Contient des vérités qui servent de leçons.
Tout parle en mon ouvrage, & même les Poissons.
Ce qu'ils disent s'adresse à tous tant que nous sommes.
Je me sers d'Animaux pour instruire les Hommes.
ILLUSTRE REJETTON D'UN PRINCE aimé des Cieux,
Sur qui le monde entier a maintenant les yeux,

(2) Célébre inventeur des Fables.

Tome I.   A

Et qui, faifant fléchir les plus fuperbes têtes,
Comptera déformais fes jours par fes conquêtes,
Quelqu'autre te dira, d'une plus forte voix,
Les faits de tes ayeux, & les vertus des Rois :
Je vais t'entretenir de moindres aventures,
Te tracer, en ces vers, de légeres peintures ;
Et fi de t'agréer je n'emporte le prix,
J'aurai du moins l'honneur de l'avoir entrepris.

LIVRE PREMIER.

FABLE PREMIERE.

La Cigale & la Fourmi.

LA Cigale ayant chanté
    Tout l'Eté,
Se trouva fort dépourvûe
Quand la bife fut venue.
Pas un feul petit morceau
De mouche ou de vermiffeau.
Elle alla crier famine
Chez la Fourmi fa voifine,
La priant de lui prêter
Quelque grain pour fubfifter
Jufqu'à la faifon nouvelle.

A ij

Je vous pairai, lui dit-elle,
(1) Avant l'Oût, foi d'animal,
Intérêt & principal.
La Fourmi n'eſt pas prêteuſe :
C'eſt là ſon moindre défaut.
Que faiſiez-vous au temps chaud?
Dit-elle à cette emprunteuſe.
Nuit & jour, à tout venant
Je chantois, ne vous déplaiſe.
Vous chantiez? J'en ſuis fort aiſe ;
Hé bien, danſez maintenant.

(1) Avant la moiſſon, avant le temps où l'on recueille les grains : temps qu'on s'eſt aviſé de nommer *Oût*, parce que cette recolte ſe fait ordinairement en Août, qu'on prononce *Oût*, comme s'il étoit écrit ſans *A*.

FABLE II.

Le Corbeau & le Renard.

MAître Corbeau sur un arbre perché,
  Tenoit en son bec un fromage :
Maître Renard, par l'odeur (1) alléché,
  Lui tint à peu près ce langage.
  Hé bon jour, Monsieur du Corbeau !
Que vous étes joli ! Que vous me semblez beau !
  Sans mentir, si votre ramage
  Se rapporte à votre plumage,

---

(1) *Attiré.* Mais qui voudroit conter cette Fable en Prose, ne pourroit, je pense, employer un terme plus propre & plus expressif que celui d'*alléché.*

A iij

Vous êtes le (2) Phœnix des hôtes de ces bois.
A ces mots, le Corbeau ne se sent pas de joie :
Et, pour montrer sa belle voix,
Il ouvre un large bec, laisse tomber sa proie.
Le Renard s'en saisit, & dit : Mon bon Monsieur,
Apprenez que tout flatteur
Vit aux dépens de celui qui l'écoute :
Cette leçon vaut bien un fromage sans doute.
Le Corbeau honteux & confus
Jura, mais un peu tard, qu'on ne l'y prendroit plus.

(2) Le plus beau de tous les oiseaux, toujours * unique en son espece dans le temps qu'on dit qu'il a paru ; & si rare, † qu'il n'est pas trop sûr qu'il ait jamais éxisté. Mais que cet oiseau soit une pure fiction, dont les Grecs ont osé frelater leur Histoire, la beauté merveilleuse qu'ils lui ont attribuée, enrichie par les descriptions des Poëtes, & par le pinceau des Peintres, a été si fort autorisée dans le monde, que le mot de *Phénix* est entré dans notre Langue, pour signifier des choses & des personnes d'une excellence extraordinaire. C'est ainsi que dans *la Bruyere,* QUI-NAULT est nommé le PHENIX *de la Poësie chantante,* que *Boileau* parlant d'un Sonnet parfait, nous dit,

Que cet heureux Phénix *est encore à trouver ;*

& qu'ici le Renard voyant le Corbeau, qui perché sur un arbre, tenoit en son bec un fromage, s'avise pour l'étourdir, & lui faire oublier son fromage, de lui dire, que, s'il a la voix aussi charmante que le plumage, il est le PHENIX *des hôtes de ces Bois :* éloge flatteur, qui ne manqua pas de produire l'effet qu'en attendoit le Renard.

* *Sunt qui adseverent .... unum in terris, &c.* TACIT. *Annal.* Lib. VI. p. 204. EX Officinâ Elzevirianâ.

† *Nonnulli falsum hunc Phœnicem credidere, nihilque usurpavisse ex his quæ vetus memoria firmavit.* TACIT. *Annal.* Lib. VI. p. 204.

FABLE III.

*La Grenouille qui se veut faire aussi grosse
que le Bœuf.*

UNe Grenouille vit un Bœuf
Qui lui sembla de belle taille.
Elle qui n'étoit pas grosse en tout comme un œuf,
Envieuse s'étend, & s'enfle, & se travaille,
Pour égaler l'animal en grosseur,
Disant : Regardez bien, ma sœur,
Est-ce assez ? Dites-moi, n'y suis-je point encore ?
Nenni. M'y voici donc ? Point du tout. M'y voilà ?
Vous n'en approchez point. La chétive pécore
S'enfla si bien, qu'elle creva.
Le Monde est plein de gens qui ne sont pas plus
sages :

A iiij

Tout Bourgeois veut bâtir comme les grands Sei-
gneurs :
Tout petit Prince a des Ambaſſadeurs :
Tout Marquis veut avoir des Pages.

FABLE IV.

Les deux Mulets.

DEux Mulets cheminoient, l'un d'avoine chargé,
  L'autre portant l'argent de la Gabelle.
Celui-ci, glorieux d'une charge si belle,
N'eût voulu pour beaucoup en être soulagé.
    Il marchoit d'un pas relevé,
    Et faisoit sonner sa sonnette :
    Quand l'Ennemi se présentant,
    Comme il en vouloit à l'argent,
Sur le Mulet du fisc une troupe se jette,
    Le saisit au frein & l'arrête.
    Le Mulet, en se défendant,
Se sent percer de coups, il gémit, il soupire.
Est-ce donc là, dit-il, ce qu'on m'avoit promis ?

Ce Mulet qui me fuit, du danger fe retire,
    Et moi j'y tombe & j'y péris.
    Ami, lui dit fon camarade,
Il n'eft pas toujours bon d'avoir un haut emploi :
Si tu n'avois fervi qu'un Meûnier, comme moi,
    Tu ne ferois pas fi malade.

FABLE V.

Le Loup & le Chien.

UN Loup n'avoit que les os & la peau,
Tant les Chiens faisoient bonne garde :
Ce Loup rencontre un Dogue aussi puissant que beau,
Gras, poli, qui s'étoit fourvoyé par mégarde.
L'attaquer, le mettre en quartiers,
Sire Loup l'eût fait volontiers,
Mais il falloit livrer bataille ;
Et le Mâtin étoit de taille
A se défendre hardiment.
Le Loup donc l'aborde humblement,
Entre en propos, & lui fait compliment
Sur son embonpoint qu'il admire.
Il ne tiendra qu'à vous, beau Sire,

D'être auſſi gras que moi, lui repartit le Chien.
                Quittez les bois, vous ferez bien :
                Vos pareils y ſont miſérables,
                Cancres, (1) hères & pauvres diables,
Dont la condition eſt de mourir de faim.
Car quoi ? Rien d'aſſuré : point de (2) franche lipée :
                Tout à la pointe de l'épée.
Suivez-moi, vous aurez un bien meilleur deſtin.
                Le Loup reprit : Que me faudra-t-il faire ?
Preſque rien, dit le Chien, donner la chaſſe aux gens
                Portans bâtons, & mendians ;
Flatter ceux du logis, à ſon maître complaire :
                Moyennant quoi, votre ſalaire
Sera force (3) reliefs de toutes les façons,
                Os de poulets, os de pigeons,
                Sans parler de mainte careſſe.
Le Loup déjà ſe forge une félicité,
                Qui le fait pleurer de tendreſſe.
Chemin faiſant, il vit le col du Chien pelé :
Qu'eſt-cela ? lui dit-il. Rien. Quoi rien ? Peu de choſe.
Mais encor ? Le colier dont je ſuis attaché,
De ce que vous voyez eſt peut-être la cauſe.
Attaché ! dit le Loup : Vous ne courez donc pas
                Où vous voulez ? Pas toujours, mais qu'importe ?
Il importe ſi bien, que de tous vos repas
                Je ne veux en aucune ſorte ;
Et ne voudrois pas même à ce prix un tréſor.
Cela dit, Maître Loup, s'enfuit, & court encor.

---

(1) Malingres, décharnés.
(2) Repas qui ne coûte rien
à des impudens qui vont y prendre part ſans avoir été invités.
(3) Les reſtes d'un repas.

FABLE VI.

La Genisse, la Chévre & la Brebis, en société avec le Lion.

LA Génisse, la Chévre, & leur sœur la Brebis,
Avec un fier Lion, Seigneur du voisinage,
Firent société, dit-on, au temps jadis,
Et mirent en commun le gain & le dommage.
Dans les lacs de la Chévre un Cerf se trouva pris.
Vers ses associés aussi-tôt elle envoie.
Eux venus, le Lion par ses ongles compta,
Et dit : Nous sommes quatre à partager la proie ;
Puis, en autant de parts le Cerf il dépeça,
Prit pour lui la premiere en qualité de (1) Sire :

(1) Seigneur ou Roi, le Lion étant réputé Roi des animaux, comme l'Aigle celui des Oiseaux.

Elle doit être à moi, dit-il; & la raison,
C'est que je m'appelle **Lion**:
A cela l'on n'a rien à dire.
La feconde, par droit, me doit échoir encor:
Ce droit, vous le favez, c'eft le droit du plus fort.
Comme le plus vaillant je prétens la troifiéme.
Si quelqu'une de vous touche à la quatriéme,
Je l'étranglerai tout d'abord.

FABLE VII.

La Beface.

JUpiter dit un jour : Que tout ce qui reſpire
S'en vienne comparoitre aux piéds de ma grandeur.
Si dans ſon compoſé quelqu'un trouve à redire,
    Il peut le déclarer ſans peur :
    Je mettrai reméde à la choſe.
Venez, Singe, parlez le premier ; & pour cauſe :
Voyez ces animaux : faites comparaiſon
    De leurs beautés avec les vôtres.
Etes-vous ſatisfait ? Moi, dit-il, pourquoi non ?
N'ai-je pas quatre piéds auſſi-bien que les autres ?
Mon portrait, juſqu'ici, ne m'a rien reproché ;
Mais pour mon frere l'Ours on ne l'a qu'ébauché :

Jamais, s'il me veut croire, il (1) ne se fera peindre.
L'Ours venant là-dessus, on crut qu'il s'alloit plain-
     dre.
Tant s'en faut, de sa forme il se loua très-fort,
Glosa sur l'Eléphant, dit qu'on pourroit encor
Ajoûter à sa queue, ôter à ses oreilles,
Que c'étoit une masse informe & sans beauté.
          L'Eléphant étant écouté,
Tout sage qu'il étoit, dit des choses pareilles.
          Il jugea qu'à son appétit,
          Dame Baleine étoit trop grosse.
Dame Fourmi trouva le (2) Ciron trop petit,
          Se croyant pour elle un colosse.
Jupin les renvoya s'étant censurés tous :
Du reste contens d'eux. Mais parmi les plus fous
Notre Espéce excella, car tout ce que nous sommes,
Linx (a) envers nos pareils, & Taupes (3) envers
     nous,
Nous nous pardonnons tout, & rien aux autres
     hommes.
     On se voit d'un autre œil qu'on ne voit son prochain.
          Le Fabricateur souverain
Nous créa Besaciers tous de même maniére,
Tant ceux du temps passé que du temps d'aujourd'hui.
Il fit pour nos défauts la poche de derriére,
Et celle de devant pour les défauts d'autrui.

(1) Vû son extrême laideur.

(2) Très-petit animal, qu'on ne peut voir que par le moyen d'un microscope.

(a) Animal aux yeux très-perçans.

(3) On croit communément que les Taupes n'ont point d'yeux.

FABLE

FABLE VIII.

L'Hirondelle & les petits Oiseaux.

UNe Hirondelle en ses voyages
Avoit beaucoup appris. Quiconque a beaucoup vû,
    Peut avoir beaucoup retenu.
Celle-ci prévoyoit jusqu'aux moindres orages,
    Et, devant qu'ils fussent éclos,
    Les annonçoit aux Matelots.
Il arriva qu'au temps que la (1) chanvre se séme,
Elle vit un Manant en couvrir maints (2) sillons.
Ceci ne me plaît pas, dit-elle aux Oisillons,
Je vous plains : car pour moi, dans ce péril extrême,

(1) Chénevis, graine qui produit le chanvre, dont on fait la corde & le fil.

(2) Terre élevée entre deux rayons dans un champ labouré.

Tome I.   B

Je saurai m'éloigner, ou vivre en quelque coin.
Voyez-vous cette main qui par les airs chemine ?
　　　　Un jour viendra, qui n'est pas loin,
Que ce qu'elle répand sera votre ruine.
De-là naîtront engins à vous envelopper,
　　　　Et lacets pour vous attraper ;
　　　　Enfin mainte & mainte machine,
　　　　Qui causera dans la saison
　　　　Votre mort ou votre prison :
　　　　Gâre la cage ou le chaudron.
　　　　C'est pourquoi, leur dit l'Hirondelle,
　　　　Mangez ce grain, & croyez-moi.
　　　　Les Oiseaux se moquerent d'elle :
　　　　Ils trouvoient aux champs trop de quoi.
　　　　Quand la (3) chéneviére fut verte,
L'Hirondelle leur dit : Arrachez brin à brin
　　　　Ce qu'a produit ce maudit grain,
　　　　Ou soyez sûrs de votre perte.
Prophéte de malheur, babillarde, dit-on,
　　　　Le bel emploi que tu nous donnes !
　　　　Il nous faudroit mille personnes
　　　　Pour éplucher tout ce canton.
　　　　(4) La chanvre étant tout-à-fait crûe,
L'Hirondelle ajoûta : Ceci ne va pas bien :
　　　　Mauvaise graine est tôt venue.
Mais puisque jusqu'ici l'on ne m'a crue en rien,
　　　　Dès que vous verrez que la terre

---

(3) Champ où croît le chanvre.
　(4) Selon le bel usage, *chanvre*
est masculin. La Fontaine a
mieux aimé le faire féminin,
comme il l'est encore dans quelques Provinces.

Sera (5) couverte, & qu'à leurs bleds
Les gens n'étant plus occupés
Feront aux Oisillons la guerre,
Quand (6) reginglettes & rézeaux
Attraperont petits oiseaux,
Ne volez plus de place en place :
Demeurez au logis, ou changez de climat :
Imitez le Canard, la Grue & la Bécasse.
Mais vous n'étes pas en état
De passer, comme nous, les déserts & les ondes ;
Ni d'aller chercher d'autres mondes :
C'est pourquoi vous n'avez qu'un parti qui soit sûr,
C'est de vous renfermer aux trous de quelque mur.
Les Oisillons las de l'entendre,
Se mirent à jaser aussi confusément,
Que faisoient les Troyens, quand la pauvre
(7) Cassandre
Ouvroit la bouche seulement.
Il en prit aux uns comme aux autres.
Maint Oisillon se vit esclave retenu.

Nous n'écoutons d'instincts que ceux qui sont les
nôtres,
Et ne croyons le mal que quand il est venu.

---

(5) C'est-à-dire *ensemencée*. Le mot *couvert*, pris dans ce sens là, est un terme d'agriculture assez usité à la campagne, mais qui n'est pas fort connu dans les grandes Villes.

(6) *Reginglette*, sorte de piége pour attraper les oiseaux. Ce mot usité dans quelques Provinces, est inconnu à Paris, où les Oiseliers disent Trébuchet, Colet, &c. au lieu de *Reginglette*.

(7) Fille du Roi Priam, dont on méprisoit les prophéties, qui cependant se trouvoient toujours très-véritables.

FABLE IX.

Le Rat de ville & le Rat des champs.

A Utrefois le Rat de ville
Invita le Rat des champs,
D'une façon fort civile,
A des (1) reliefs d'Ortolans.

Sur un tapis de Turquie
Le couvert se trouva mis.
Je laisse à penser la vie
Que firent ces deux amis.

Le régal fut fort honnête,

(1) Restes d'oiseaux d'un goût délicat, parmi lesquels l'Ortolan passe pour un des plus friands morceaux.

Rien ne manquoit au feſtin :
Mais quelqu'un troubla la fête
Pendant qu'ils étoient en train.

A la porte de la ſale
Ils entendirent du bruit.
Le Rat de ville détale,
Son camarade le ſuit.

Le bruit ceſſe, on ſe retire :
Rats en campagne auſſi-tôt :
Et le Citadin de dire,
Achevons tout notre rôt.

C'eſt aſſez, dit le Ruſtique :
Demain vous viendrez chez moi.
Ce n'eſt pas que je me pique
De tous vos feſtins de Roi.

Mais rien ne vient m'interrompre :
Je mange tout à loiſir.
Adieu donc, fi du plaiſir
Que la crainte peut corrompre.

FABLE X.

Le Loup & l'Agneau.

LA raison du plus fort est toujours la meilleure,
Nous l'allons montrer tout à l'heure.

Un Agneau se désaltéroit
Dans le courant d'une onde pure.
Un Loup survient à jeun, qui cherchoit aventure,
Et que la faim en ces lieux attiroit.
Qui te rend si hardi de troubler mon breuvage?
Dit cet animal plein de rage.
Tu seras châtié de ta témérité.
Sire, répond l'Agneau, que votre Majesté
Ne se mette pas en colere,
Mais plûtôt qu'elle considere

Que je me vas défaltérant
Dans le courant,
Plus de vingt pas au-deffous d'elle ;
Et que par conféquent, en aucune façon,
Je ne puis troubler fa boiffon.
Tu la troubles, reprit cette bête cruelle ;
Et je fai que de moi tu médis l'an paffé.
Comment l'aurois-je fait fi je n'étois pas né ?
Reprit l'Agneau, je téte encor ma mere.
Si ce n'eft toi, c'eft donc ton frere.
Je n'en ai point. C'eft donc quelqu'un des tiens ?
Car vous ne m'épargnez guére,
Vous, vos bergers & vos chiens.
On me l'a dit : il faut que je me venge.
Là-deffus, au fond des forêts
Le Loup l'emporte, & puis le mange,
Sans autre forme de procès.

FABLE XI.

L'Homme & son Image.

Pour M. le Duc de la Rochefoucault.

UN homme, qui s'aimoit sans avoir de rivaux,
Passoit dans son esprit pour le plus beau du monde.
Il accusoit toujours les miroirs d'être faux,
Vivant plus que content dans son erreur profonde.
Afin de le guérir, le sort officieux
    Présentoit partout à ses yeux
Les conseillers muets dont se servent nos Dames,
Miroirs dans les logis, Miroirs chez les Marchands,
    Miroirs aux poches des galans,
    Miroirs aux ceintures des femmes.

Que

Que fait notre (1) Narciſſe ? Il ſe va confiner
Aux lieux les plus cachés qu'il pût s'imaginer,
N'oſant plus des miroirs éprouver l'aventure :
Mais un canal, formé par une ſource pure,
　　　Se trouve en ces lieux écartés :
Il s'y voit, il ſe fâche ; & ſes yeux irrités
Penſent appercevoir une chimére vaine.
Il fait tout ce qu'il peut pour éviter cette eau.
　　　Mais quoi ! Le canal eſt ſi beau,
　　　Qu'il ne le quitte qu'avec peine.

　　　On voit bien où je veux venir.
　　　Je parle à tous ; & cette erreur extrême
Eſt un mal que chacun ſe plaît d'entretenir.
Notre ame, c'eſt cet homme amoureux de lui-même:
Tant de miroirs, ce ſont les ſottiſes d'autrui,
Miroirs, de nos défauts les Peintres légitimes.
　　　Et quant au canal, c'eſt celui
Que chacun fait, (a) le Livre des Maximes.

(1) On appelle *Narciſſe* tout homme entêté de ſa beauté, réelle ou chimerique, par alluſion à ce que dit la Fable, d'un beau jeune homme de ce nom, qui devint ſi follement amou- reux de lui-même, qu'il en perdit la vie.

(a) Celui des Maximes morales, compoſé par *le Duc de la Rochefoucault.*

FABLE XII.

*Le Dragon à plusieurs têtes, & le Dragon
à plusieurs queues.*

UN Envoyé du Grand Seigneur,
Préféroit, dit l'Histoire, un jour chez l'Empereur,
Les forces de son Maître à celles de l'Empire.
Un Alleman se mit à dire :
Notre Prince a des dépendans
Qui, de leur chef, sont si puissans,
Que chacun d'eux pourroit soudoyer une armée.
Le Chiaoux, homme de sens,
Lui dit : Je sais par renommée
Ce que chaque Electeur peut de monde fournir ;
Et cela me fait souvenir
D'une aventure étrange, & qui pourtant est vraie.

J'étois en un lieu sûr, lorsque je vis passer
Les cent têtes d'une Hydre au travers d'une haie.
     Mon sang commence à se glacer;
     Et je crois qu'à moins on s'effraie.
Je n'en eus toutefois que la peur sans le mal.
     Jamais le corps de l'animal
Ne put venir vers moi, ni trouver d'ouverture.
     Je rêvois à cette aventure,
Quand un autre Dragon qui n'avoit qu'un seul chef,
Et bien plus d'une queue, à passer se présente.
     Me voilà saisi derechef
     D'étonnement & d'épouvante.
Ce chef passe, & le corps, & chaque queue aussi.
Rien ne les empêcha, l'un fit chemin à l'autre.
     Je soutiens qu'il en est ainsi
     De votre Empereur & du nôtre.

FABLE XIII.

Les Voleurs & l'Ane.

POur un Ane enlevé deux voleurs se battoient :
L'un vouloit le garder, l'autre le vouloit vendre.
　　Tandis que coups de poing trotoient,
Et que nos champions songeoient à se défendre,
　　Arrive un troisiéme larron,
　　Qui saisit Maître (a) Aliboron.

L'Ane, c'est quelquefois une pauvre Province.
　　Les voleurs font tel & tel Prince,
Comme le Transilvain, le Turc & le Hongrois :
Au lieu de deux j'en ai rencontré trois.

(a) Nom burlesque qu'on donne à l'Ane.

Il est assez de cette marchandise.
De nul d'eux n'est souvent la Province conquise,
Un quart voleur survient qui les accorde net,
En se saisissant du Baudet.

FABLE XIV.

Simonide préservé par les Dieux.

ON ne peut trop louer trois sortes de perſonnes,
  Les Dieux, ſa Maîtreſſe & ſon Roi.
Malherbe (1) le diſoit : j'y ſouſcris quant à moi :
  Ce ſont maximes toujours bonnes.
La louange chatouille & gagne les eſprits.
Les faveurs d'une Belle en ſont ſouvent le prix.
Voyons comme les Dieux l'ont quelquefois payée.

Simonide (2) avoit entrepris

(1) Excellent Poëte François, qui a vécu ſous Henry IV. & Louis XIII.

(2) Ancien Poëte Grec, très-célébre, dont il ne nous reſte que quelques fragmens.

L'éloge (3) d'un Athlete ; &, la chofe effayée,
Il trouva fon fujet plein de récits tout nus.
Les parens de l'Athlete étoient gens inconnus,
Son pere un bon Bourgeois, lui fans autre mérite :
    Matiére infertile & petite.
Le Poëte d'abord, parla de fon Héros.
Après en avoir dit ce qu'il en pouvoit dire,
Il fe jette à côté, fe met fur le propos
De Caftor & Pollux, ne manque pas d'écrire
Que leur exemple étoit aux Luteurs glorieux,
Eleve leurs combats, fpécifiant les lieux
Où ces freres s'étoient fignalés davantage.
    Enfin, l'éloge de ces Dieux
    Faifoit les deux tiers de l'ouvrage.
L'Athlete avoit promis d'en payer un talent ;
    Mais quand il le vit, le galant
N'en donna que le tiers ; & dit fort franchement
Que (4) Caftor & (4) Pollux acquittaffent le refte.
Faites-vous contenter par ce couple célefte.
    Je vous veux traiter cependant :
Venez fouper chez moi : nous ferons bonne vie.
    Les conviés font gens choifis,
    Mes parens, mes meilleurs amis.
    Soyez donc de la compagnie.
Simonide promit. Peut-être qu'il eut peur

---

(3) On nommoit *Athletes* ceux qui, dans la Gréce, paroiffoient en divers lieux & en divers temps devant de nombreufes affemblées de peuple, pour y difputer le prix de la courfe, de la lutte, &c.

(4) Freres gémeaux, fils de Jupiter & de Léda, qui s'étant rendus fameux par leur adreffe dans les exercices du corps, & par leur valeur, furent placés entre les étoiles après leur mort.

De perdre, outre ſon dû, le gré de ſa louange,
      Il vient, l'on feſtine, l'on mange.
     Chacun étant en belle humeur,
Un domeſtique accourt, l'avertir qu'à la porte
Deux hommes demandoient à le voir promptement.
      Il ſort de table, & la cohorte
     N'en perd pas un ſeul coup de dent.
Ces deux hommes étoient les gémeaux de l'éloge.
Tous deux lui rendent grace, & pour prix de ſes vers,
      Ils l'avertiſſent qu'il déloge,
Et que cette maiſon va tomber à l'envers.
      La prédiction en fut vraie.
     Un pilier manque, & le plat-fonds
     Ne trouvant plus rien qui l'étaie,
Tombe ſur le feſtin, briſe plats & flacons,
      N'en fait pas moins aux échanſons.
Ce ne fut pas le pis : car pour rendre complette
      La vengeance dûe au Poëte,
Une poutre caſſa les jambes à l'Athlete,
      Et renvoya les conviés
      Pour la plûpart eſtropiés.
La Renommée eut ſoin de publier l'affaire.
Chacun cria miracle : on doubla le ſalaire
Que méritoient les vers d'un homme aimé des
   Dieux.
      Il n'étoit fils de bonne mere,
     Qui, les payant à qui mieux mieux,
     Pour ſes ancêtres n'en fiſt faire.

Je reviens à mon texte ; & dis premiérement,
Qu'on ne ſauroit manquer de louer largement

Les Dieux & leurs pareils : de plus, que (5) Mel-
    poméne
Souvent, sans déroger, trafique de sa peine :
Enfin, qu'on doit tenir notre art en quelque prix.
Les Grands se font honneur dès lors qu'ils nous font
    grace.
      Jadis l'Olympe & le Parnasse
      Etoient freres & bons amis.

(5) Ici *Melpoméne* se prend pour le Poëte lui-même, qu'on sup-
pose inspiré par cette Muse.

FABLE XV.

La Mort & le Malheureux.

UN malheureux appelloit tous les jours
　　La mort à son secours.
O Mort, lui disoit-il, que tu me sembles belle !
Vien vîte, vien finir ma fortune cruelle.
La Mort crut, en venant, l'obliger en effet.
Elle frappe à sa porte, elle entre, elle se montre.
Que vois-je ! cria-t-il, ôtez-moi cet objet ;
　　Qu'il est hideux ! Que sa rencontre
　　Me cause d'horreur & d'effroi !
N'approche pas, ô Mort, ô Mort, retire-toi.
　　Mécénas (1) fut un galant homme :

(1) Favori de l'Empereur Auguste, & grand protecteur des gens
de lettres.

Il a dit quelque part : (2) Qu'on me rende impotent,
Cul-de-jatte, gouteux, manchot, pourvû qu'en fomme
Je vive, c'eft affez, je fuis plus que content.
Ne vien jamais, ô Mort, on t'en dit tout autant.

(2) Debilem facito manu,
Debilem pede, coxâ :
Tuber adftrue gibberum,
Lubricos quate dentes.
Vita dum fupereft, benè eft.

Hanc mihi, vel acutâ
Si fedeam cruce, fuftine.
Ces vers de Mécénas nous ont
été confervés par Seneque,
Epift. 101.

    *Ce fujet a été traité d'une autre façon par Efope, comme
la Fable fuivante le fera voir. Je compofai celle-ci pour
une raifon qui me contraignoit de rendre la chofe ainfi générale. Mais quelqu'un me fit connoître que j'euffe beaucoup
mieux fait de fuivre mon original, & que je laiffois paffer
un des plus beaux traits qui fût dans Efope. Cela m'obligea
d'y avoir recours. Nous ne faurions aller plus avant que
les Anciens : ils ne nous ont laiffé pour notre part que la
gloire de les bien fuivre. Je joins toutefois ma Fable à celle
d'Efope, non que la mienne le mérite, mais à caufe du mot
de Mécénas que j'y fais entrer, & qui eft fi beau & fi à
propos, que je n'ai pas crû le devoir omettre.*

FABLE XVI.

La Mort & le Bûcheron.

UN pauvre Bûcheron tout couvert de (1) ramée,
Sous le faix du fagot auſſi-bien que des ans,
Gémiſſant & courbé, marchoit à pas peſans,
Et tâchoit de gagner ſa chaumine enfumée.
Enfin, n'en pouvant plus d'effort & de douleur,
Il met bas ſon fagot, il ſonge à ſon malheur.
Quel plaiſir a-t-il eu depuis qu'il eſt au monde ?
En eſt-il un plus pauvre en la machine ronde ?
Point de pain quelquefois, & jamais de repos.
Sa femme, ſes enfans, les ſoldats, les impots,
  Le créancier & (2) la corvée,

(1) Paquet de branches avec leurs feuilles.
(2) Travail que les Payſans doivent à leur Seigneur, comme une redevance.

Lui font d'un malheureux la peinture achevée.
Il appelle la Mort, elle vient sans tarder :
  Lui demande ce qu'il faut faire.
   C'est, dit-il, afin de m'aider
A recharger ce bois, tu ne tarderas guére,

   Le trépas vient tout guérir,
   Mais ne bougeons d'où nous sommes,
   Plûtôt souffrir que mourir,
   C'est la devise des hommes.

FABLE XVII.

L'homme entre deux âges & ses deux Maîtresses.

UN homme de moyen âge,
Et tirant sur le grison,
Jugea qu'il étoit saison
De songer au mariage.
Il avoit du comptant,
Et partant
Dequoi choisir. Toutes vouloient lui plaire :
En quoi notre amoureux ne se pressoit pas tant.
Bien adresser n'est pas une petite affaire.
Deux veuves sur son cœur eurent le plus de part :
L'une encor verte, & l'autre un peu bien mûre,
Mais qui réparoit par son art
Ce qu'avoit détruit la nature.

Ces deux veuves en badinant,
En riant, en lui faifant fête,
L'alloient quelquefois (1) teſtonnant,
C'eſt-à-dire, ajuſtant ſa tête.
La vieille à tous momens de ſa part emportoit
Un peu de poil noir qui reſtoit,
Afin que ſon amant en fût plus à ſa guiſe.
La jeune ſaccageoit les poils blancs à ſon tour.
Toutes deux firent tant que notre tête griſe
Demeura ſans cheveux, & ſe douta du tour.
Je vous rens, leur dit-il, mille graces, les Belles,
Qui m'avez ſi bien tondu :
J'ai plus gagné que perdu :
Car d'hymen point de nouvelles.
Celle que je prendrois voudroit qu'à ſa façon
Je vécuſſe, & non à la mienne.
Il n'eſt tête chauve qui tienne :
Je vous ſuis obligé, Belles, de la leçon.

---

(1) Comme ce mot n'eſt plus d'uſage aujourd'hui, La Fontaine s'eſt aviſé fort à propos de nous l'expliquer lui-même. Il y a grande apparence qu'il l'avoit pris de Rabelais, qui dit en parlant du foin que l'on prenoit de l'éducation de Gargantua, que chaque matin *il étoit habillé, peigné, teſtonné, acoutré & parfumé, durant lequel temps on lui répetoit les leçons du jour de devant.* Gargantua, liv. I. ch. 23. Rabelais ſe ſert encore ailleurs du mot de *teſtonner* dans le même ſens.

FABLE XVIII.

Le Renard & la Cicogne.

COmpere le Renard se mit un jour en frais,
Et retint à dîner commere la Cicogne.
Le régal fut petit, & sans beaucoup d'apprêts.
        Le galant, pour toute besogne,
Avoit un brouet clair, (il vivoit chichement)
Ce brouet fut par lui servi sur une assiette.
La Cicogne au long bec n'en put attraper miette ;
Et le drôle eut lapé le tout en un moment.
        Pour se venger de cette tromperie,
A quelque temps de là, la Cicogne le prie.
Volontiers, lui dit-il, car avec mes amis
        Je ne fais point cérémonie.
        A l'heure dite, il courut au logis

De

De la Cicogne fon hôteſſe,
Loua très-fort ſa politeſſe,
Trouva le dîner cuit à point.
Bon appétit ſur tout, Renards n'en manquent point :
Il ſe réjouiſſoit à l'odeur de la viande
Miſe en menus morceaux, & qu'il croyoit friande.
On ſervit, pour l'embarraſſer,
En un vaſe à long col, & d'étroite embouchure.
Le bec de la Cicogne y pouvoit bien paſſer,
Mais le muſeau du Sire étoit d'autre meſure,
Il lui falut à jeun retourner au logis,
Honteux comme un Renard qu'une Poule auroit pris,
Serrant la queue, & portant bas l'oreille.

Trompeurs, c'eſt pour vous que j'écris,
Attendez-vous à la pareille.

FABLE XIX.

L'Enfant & le Maître d'Ecole.

D Ans ce récit je prétens faire voir
D'un certain sot la remontrance vaine,

Un jeune enfant dans l'eau se laissa cheoir,
En badinant sur les bords de la Seine.
Le Ciel permit qu'un Saule se trouva,
Dont le branchage, après Dieu, le sauva.
S'étant pris, dis-je, aux branches de ce Saule :
Par cet endroit passe un Maître d'école.
L'enfant lui crie, au secours, je péris.
Le Magister se tournant à ses cris,
D'un ton fort grave à contre-temps s'avise
De le tancer. Ah le petit babouin !

Voyez, dit-il, où l'a mis sa sottise !
Et puis, prenez de tels fripons le soin.
Que les parens font malheureux, qu'il faille
Toujours veiller à semblable canaille !
Qu'ils ont de maux ! & que je plains leur sort !
Ayant tout dit, il mit l'enfant à bord.

Je blâme ici plus de gens qu'on ne pense.
Tout babillard, tout censeur, tout (1) pédant,
Se peut connoître au discours que j'avance.
Chacun des trois fait un peuple fort grand :
Le Créateur en a béni l'engeance.
En toute affaire ils ne font que songer
    Au moyen d'exercer leur langue.
Hé, mon ami, tire-moi du danger,
    Tu feras après ta harangue.

(1) C'est-à-dire, toute personne sujette à étaler avec affectation & mal à propos ses lectures, sa science, & même son éloquence. Cette description une fois admise, bien des hommes & des femmes qui se croyent à couvert du vice de pédanterie, en font visiblement infectés.

FABLE XX.

Le Coq & la Perle.

UN jour un Coq détourna
Une Perle qu'il donna
Au beau premier Lapidaire.
Je la crois fine, dit-il,
Mais le moindre grain de Mil
Seroit bien mieux mon affaire.
Un ignorant hérita
D'un Manuscrit qu'il porta
Chez son voisin le Libraire.
Je crois, dit-il, qu'il est bon,
Mais le moindre ducaton
Seroit bien mieux mon affaire.

FABLE XXI.

Les Frêlons & les Mouches à miel.

A L'œuvre on connoît l'artifan.

Quelques rayons de miel fans maître fe trouverent,
  Des (1) Frêlons les réclamerent.
  Des Abeilles s'oppofant,
Devant certaine Guêpe on traduifit la caufe.
Il étoit mal-aifé de décider la chofe.
Les témoins dépofoient qu'autour de ces rayons
Des animaux aîlés, bourdonnans, un peu longs,
De couleur fort tannée, & tels que les Abeilles

---

(1) Efpece de mouches qui s'introduifent dans les ruches des Abeilles pour en piller le miel, incapables elles-mêmes de compofer un fuc fi délicat.

Avoient long-temps paru. Mais quoi ? Dans les
 Frêlons
   Ces enseignes étoient pareilles.
La Guêpe ne sachant que dire à ces raisons,
Fit enquête nouvelle ; &, pour plus de lumiere,
   Entendit une fourmilliere.
   Le point n'en put être éclairci.
   De grace, à quoi bon tout ceci?
   Dit une Abeille fort prudente,
Depuis tantôt six mois que la cause est pendante,
   Nous voici comme aux premiers jours.
   Pendant cela le miel se gâte.
Il est temps désormais que le Juge se hâte.
   N'a-t-il point assez (2) lêché l'Ours ?
Sans tant de contredits & d'interlocutoires,
   Et de fatras & de grimoires,
   Travaillons, les Frêlons & nous ;
On verra qui sait faire, avec un suc si doux,
   Des cellules si bien bâties.
   Le refus des Frêlons fit voir
   Que cet art passoit leur savoir ;
Et la Guêpe adjugea le miel à leurs parties.

Plût à Dieu qu'on réglât ainsi tous les procès !
Que des Turcs en cela l'on suivît la méthode !
Le simple sens commun nous tiendroit lieu de (3) code,

(2) Expression proverbiale, pour dire, succé, extenué les Parties en prolongeant les procès.

(3) Recueil de Loix, destinées à l'éclaircissement & à la décision des procès, mais qui, par l'adresse des Procureurs & des Avocats, servent quelquefois à embrouiller l'esprit des Juges, & toujours à prolonger les procès aux dépens des Parties intéressées.

Il ne faudroit point tant de frais.
Au lieu qu'on nous mange, on nous gruge,
On nous mine par des longueurs.
On fait tant à la fin que l'huître est pour le Juge,
Les écailles pour les plaideurs.

FABLE XXII.

Le Chêne & le Roseau.

LE Chêne un jour dit au Roseau :
Vous avez bien sujet d'accuser la nature.
Un (1) Roitelet pour vous est un pesant fardeau,
    Le moindre vent qui d'aventure
    Fait rider la face de l'eau ,
    Vous oblige à baisser la tête :
Cependant que mon front, au (2) Caucase pareil ,

(1) Fort petit oiseau. Qui voudra savoir pourquoi cet oiseau a été appellé *Roitelet* , c'est-à dire , petit Roi , n'a qu'à consulter Plutarque, dans son Traité, intitulé , *Instruction pour ceux qui manient affaires d'Estat* , chapitre 7. de la traduction d'*Amyot*.

(2) Haute montagne en Asie,

Non

Non content d'arrêter les rayons du Soleil ,
    Brave l'effort de la tempête.
Tout vous est Aquilon, tout me femble Zéphir.
Encor si vous naiffiez à l'abri du feuillage
    Dont je couvre le voifinage ,
    Vous n'auriez pas tant à fouffrir ,
    Je vous défendrois de l'orage.
    Mais vous naiffez le plus fouvent
Sur les humides bords des (3) Royaumes du vent,
La Nature envers vous me femble bien injufte.
Votre compaffion , lui répondit l'Arbufte ,
Part d'un bon naturel , mais quittez ce fouci :
    Les vents me font moins qu'à vous redoutables.
Je plie , & ne romps pas. Vous avez jufqu'ici
    Contre leurs coups épouventables
    Réfifté fans courber le dos :
Mais attendons la fin. Comme il difoit ces mots :
Du bout de l'Horizon accourt avec furie
    Le plus terrible des enfans
Que le Nord eût porté jufque-là dans fes flancs,
    L'Arbre tient bon, le Rofeau plie :
    Le vent redouble fes efforts,
    Et fait fi bien qu'il déracine
(4) Celui de qui la tête au Ciel étoit voifine ,

(3) Comme les Joncs croif-
fent fur les bords des rivieres &
des étangs , ils font fans ceffe
agités par les vents qui regnent
dans ces endroits-là.

(4) Imité de Virgile , qui dit

en parlant du Chêne ,

   . . . . . *Quæ quantum vertice*
   ad auras
  Æthereas , tantum radice in
  tartara tendit.
   Georg. L. II. v. 291. 292.

(5) Et dont les pieds touchoient à l'empire des
Morts.

(5) Expreſſion poëtique, pour dire, *Et dont les racines pénétroient fort avant dans la terre.*

Fin du premier Livre.

LIVRE DEUXIÉME.
FABLE PREMIERE.

Contre ceux qui ont le goût difficile.

QUand j'aurois en naiſſant reçû de Calliope
Les dons qu'à ſes Amans cette Muſe a promis,
Je les conſacrerois aux Menſonges d'Eſope :
Le Menſonge & les Vers de tout temps ſont amis.
Mais je ne me crois pas ſi chéri du Parnaſſe
Que de ſavoir orner toutes ſes fictions :
On peut donner du luſtre à leurs inventions :
On le peut, je l'eſſaie, un plus ſavant le faſſe.
Cependant juſqu'ici, d'un langage nouveau,
J'ai fait parler le Loup & répondre l'Agneau :

E ij

J'ai paſſé plus avant, les Arbres & les Plantes
Sont devenus chez moi créatures parlantes :
Qui ne prendroit ceci pour un enchantement ?
　　　　Vraiment, me diront nos critiques,
　　　　Vous parlez magnifiquement
　　　　De cinq ou ſix contes d'enfant.
Cenſeurs, en voulez-vous qui ſoient plus autentiques
Et d'un ſtyle plus haut ? En voici. Les Troyens,
Après dix ans de guerre autour de leurs murailles,
Avoient laſſé les Grecs, qui, par mille moyens,
　　　　Par mille aſſauts, par cent batailles,
N'avoient pû mettre à bout cette fiére Cité :
Quand un Cheval de bois par Minerve inventé,
　　　　D'un rare & nouvel artifice,
Dans ſes énormes flancs reçut le ſage (1) Ulyſſe,
Le vaillant (1) Dioméde, (1) Ajax l'impétueux,
　　　　Que ce Coloſſe monſtrueux
Avec leurs eſcadrons devoit porter dans Troye,
Livrant à leur fureur ſes Dieux mêmes en proie :
Stratagême inoüi, qui des Fabricateurs
　　　　Paya la conſtance & la peine.
C'eſt aſſez, me dira quelqu'un de nos Auteurs,
La période eſt longue, il faut reprendre haleine.
　　　　Et puis, votre Cheval de bois,
　　　　Vos Héros avec leurs Phalanges,
　　　　Ce ſont des contes plus étranges,
Qu'un Renard qui cajole un Corbeau ſur ſa voix.
De plus, il vous ſiéd mal d'écrire en ſi haut ſtyle.
Et bien, baiſſons d'un ton. La jalouſe Amarille
Songeoit à ſon Alcippe, & croyoit de ſes ſoins

(1) Princes, Héros Grecs.

N'avoir que ses Moutons & son Chien pour témoins.
Tircis qui l'apperçut se glisse entre des saules,
Il entend la Bergére adressant ces paroles
 Au doux Zéphir, & le priant
 De les porter à son amant.
 Je vous arrête à cette rime,
 Dira mon Censeur à l'instant :
 Je ne la tiens pas légitime,
 Ni d'une assez grande vertu.
Remettez, pour le mieux, ces deux vers à la fonte.
 Maudit Censeur, te tairas-tu ?
 Ne saurois-je achever mon conte ?
 C'est un dessein très-dangereux
 Que d'entreprendre de te plaire.

 Les délicats sont malheureux :
 Rien ne sauroit les satisfaire.

FABLE II.

Conseil tenu par les Rats.

UN Chat nommé Rodilardus,
Faifoit de Rats telle déconfiture,
Que l'on n'en voyoit prefque plus,
Tant il en avoit mis dedans la fépulture.
Le peu qu'il en reftoit n'ofant quitter fon trou,
Ne trouvoit à manger que le quart de fon fou;
Et Rodilard paffoit, chez la gent miférable,
Non pour un Chat, mais pour un diable.
Or un jour qu'au haut & au loin
Le galant alla chercher femme,
Pendant tout le fabbat qu'il fit avec fa Dame,
Le demeurant des Rats tint Chapitre en un coin
Sur la néceffité préfente.

Dès l'abòrd, leur Doyen, perſonne très-prudente,
Opina qu'il falloit, & plûtôt que plus tard,
Attacher un grelot au cou de Rodilard,
　　　　Qu'ainſi, quand il iroit en guerre,
De ſa marche avertis ils s'enfuiroient ſous terre :
　　　　Qu'il n'y ſavoit que ce moyen.
Chacun fut de l'avis de Monſieur le Doyen.
Choſe ne leur parut à tous plus ſalutaire.
La difficulté fut d'attacher le grelot.
L'un dit : Je n'y vas point, je ne ſuis pas ſi ſot :
L'autre : Je ne ſaurois. Si bien que ſans rien faire
　　　　On ſe quitta. J'ai maints Chapitres vûs,
　　　　Qui pour néant ſe ſont ainſi tenus :
Chapitres, non de Rats, mais Chapitres de Moines ;
　　　　(1) Voire Chapitres de Chanoines.

　　　　Ne faut-il que déliberer ?
　　　　La Cour en Conſeillers foiſonne.
　　　　Eſt-il beſoin d'executer ?
　　　　L'on ne rencontre plus perſonne.

(1) *Voire*, eſt un vieux mot, mais ſi bien placé dans cet endroit, que les Dames qui liſent cette Fable ne s'apperçoivent pas de ſon ancienneté. D'où je ſuis tenté de conclure qu'on pourroit employer avec ſuccès bien des mots ſurannés qu'on a laiſſé perdre ſans en mettre d'autres à la place, & qui employés à propos, plairoient comme dans La Fontaine ; ce qu'on ne peut pas dire de cette foule de mots nouveaux qu'on ſubſtitue tous les jours à d'autres très-uſités, qui par là ſont en danger de ſe perdre.

FABLE III.

Le Loup plaidant contre le Renard pardevant
le Singe.

UN Loup difoit que l'on l'avoit volé.
Un Renard, fon voifin, d'affez mauvaife vie,
Pour ce prétendu vol par lui fut appellé.
    Devant le Singe il fut plaidé,
Non point par Avocats, mais par chaque Partie.
    Thémis n'avoit point travaillé
De mémoire de Singe à Fait plus embrouillé.
Le Magiftrat fuoit en fon lit de Juftice.
    Après qu'on eut bien contefté,
    Repliqué, crié, tempêté,
    Le Juge inftruit de leur malice,
Leur dit : Je vous connois de long-temps, mes amis,

Et tous deux vous pairez l'amende :
Car toi, Loup, tu te plains, quoiqu'on ne t'ait rien pris,
Et toi, Renard, as pris ce que l'on te demande.
Le Juge prétendoit, qu'à tort & à travers,
On ne fauroit manquer, condamnant un pervers.

Quelques perfonnes de bon fens ont cru que l'impoffibilité & la contradiction qui eft dans le Jugement de ce Singe, étoit une chofe à cenfurer, mais je ne m'en fuis fervi qu'après Phédre. C'eft en cela que confifte le bon mot, felon mon avis.

FABLE IV.

Les deux Taureaux & une Grenouille.

DEux Taureaux combattoient à qui posséderoit
    Une Génisse avec l'Empire.
    Une Grenouille en soupiroit.
    Qu'avez-vous ? se mit à lui dire
    Quelqu'un du peuple croassant.
    Et ne voyez-vous pas , dit-elle ,
    Que la fin de cette querelle
Sera l'exil de l'un , que l'autre le chassant
Le fera renoncer aux campagnes fleuries ?
Il ne régnera plus sur l'herbe des prairies ,
Viendra dans nos marais régner sur les roseaux ;
Et nous foulant aux piéds jusques au fond des eaux ,
Tantôt l'une , & puis l'autre , il faudra qu'on patisse

Du combat qu'a caufé Madame la Géniffe.
    Cette crainte étoit de bon fens.
    L'un des Taureaux en leur demeure
    S'alla cacher à leurs dépens,
    Il en écrafoit vingt par heure.

    (1) Hélas! On voit que de tout temps
Les petits ont pati des fottifes des Grands.

(1) Ce qui revient à ce que dit Horace à l'occafion de la guerre de Troye.

Quidquid delirant Reges, plectuntur Achivi.

FABLE V.

La Chauvefouris & les deux Belettes.

UNe Chauvefouris donna tête baiffée,
Dans un nid de Belette : & fi-tôt qu'elle y fut,
L'autre envers les Souris de long-temps courroucée
    Pour la dévorer accourut.
Quoi ? vous ofez, dit-elle, à mes yeux vous produire,
Après que votre race a tâché de me nuire ?
N'étes-vous pas Souris ? Parlez fans fiction.
Oui, vous l'étes, ou bien je ne fuis pas Belette.
    Pardonnez-moi, dit la pauvrette,
    Ce n'eft pas ma profeffion.
Moi Souris ! Des méchans vous ont dit ces nouvelles:
    Grace à l'Auteur de l'Univers,
    Je fuis Oifeau : voyez mes aîles :

Vive la gent qui fend les airs.
Sa raifon plut, & fembla bonne.
Elle fait fi bien, qu'on lui donne
Liberté de fe retirer.
Deux jours après, notre étourdie
Aveuglément fe va fourrer
Chez une autre Belette aux Oifeaux ennemie.
La voilà derechef en danger de fa vie.
La Dame du logis, avec fon long mufeau,
S'en alloit la croquer en qualité d'Oifeau,
Quand elle protefta qu'on lui faifoit outrage.
Moi, pour telle paffer ! Vous n'y regardez pas.
Qui fait l'Oifeau ? c'eft le plumage.
Je fuis Souris : vivent les Rats,
Jupiter confonde les Chats.
Par cette adroite repartie
Elle fauva deux fois fa vie.

Plufieurs fe font trouvés qui (1) d'écharpe changeans
Aux dangers, ainfi qu'elle, ont fouvent fait la figue.
Le Sage dit, felon les gens,
Vive le Roi, vive la Ligue.

(1) Paroiffans tantôt d'un parti & tantôt d'un autre. C'eft une
chofe ordinaire que les partis fe
diftinguent les uns des autres
par des écharpes de différentes
couleurs.

FABLE VI.

L'Oiseau bleſſé d'une fléche.

Ortellement atteint d'une (1) fléche empennée,
Un Oiſeau déploroit ſa triſte deſtinée ;
Et diſoit en ſouffrant un ſurcroît de douleur,
Faut-il contribuer à ſon propre malheur ?
    Cruels humains, vous tirez de nos aîles
De quoi faire voler ces machines mortelles :
Mais ne vous moquez point, engeance ſans pitié :
Souvent il vous arrive un ſort comme le nôtre.
De enfans de (2) Japet toujours une moitié
    Fournira des armes à l'autre.

(1) Munie de plumes, qui contribuent à la direction & à la rapidité de ſon vol.

(2) Si, ſelon la Fable, les hommes ſont *enfans de Japet*, on ne voit pas trop bien comment elle a pû attribuer la formation de l'homme à Promethée fils de Japet. Mais il ſeroit ridicule de s'arrêter ici à démêler cette fuſée,

FABLE VII.

La Lice & sa Compagne.

UNe (a) Lice étant sur son terme,
Et ne sachant où mettre un fardeau si pesant,
Fait si bien qu'à la fin sa Compagne consent
De lui prêter sa hute, où la Lice s'enferme.
Au bout de quelque temps sa compagne revient.
La Lice lui demande encore une quinzaine.
Ses petits ne marchoient, disoit-elle, qu'à peine.
    Pour faire court, elle l'obtient.
Ce second terme échû, l'autre lui redemande
    Sa maison, sa chambre, son lit.
La Lice cette fois montre les dents, & dit :
Je suis prête à sortir avec toute ma bande,

(a) Une grosse Chienne.

Si vous pouvez nous mettre hors.
Ses enfans étoient déjà forts.

Ce qu'on donne aux méchans, toujours on le regrette.
Pour tirer d'eux ce qu'on leur prête,
Il faut que l'on en vienne aux coups ;
Il faut plaider, il faut combattre.
Laiſſez-leur prendre un piéd chez vous,
Ils en auront bientôt pris quatre.

FABLE

FABLE VIII.

L'Aigle & l'Escarbot.

L'Aigle donnoit la chasse à Maître Jean Lapin,
Qui droit à son terrier s'enfuyoit au plus vîte.
Le trou de l'Escarbot se rencontre en chemin.
     Je laisse à penser si ce gîte
Etoit sûr : mais où mieux ? Jean Lapin s'y blotit.
L'Aigle fondant sur lui, nonobstant cet asyle,
    (a) L'Escarbot intercede, & dit :
Princesse des Oiseaux, il vous est fort facile
D'enlever, malgré moi, ce pauvre malheureux ;
Mais ne me faites pas cet affront, je vous prie ;
Et, puisque Jean Lapin vous demande la vie,
Donnez-la-lui, de grace, ou l'ôtez à tous deux :

(a) Espece d'insecte.

C'eſt mon voiſin, c'eſt mon compere.
L'Oiſeau de Jupiter, ſans répondre un ſeul mot,
Choque de l'aîle l'Eſcarbot,
L'étourdit, l'oblige à ſe taire,
Enleve Jean Lapin. L'Eſcarbot indigné
Vole au nid de l'Oiſeau, fracaſſe en ſon abſence
Ses œufs, ſes tendres œufs, ſa plus douce eſperance :
Pas un ſeul ne fut épargné.
L'Aigle étant de retour, & voyant ce ménage,
Remplit le Ciel de cris ; &, pour comble de rage,
Ne ſait ſur qui venger le tort qu'elle a ſouffert.
Elle gémit en vain, ſa plainte au vent ſe perd.
Il fallut pour cet an vivre en mere affligée.
L'an ſuivant, elle mit ſon nid en lieu plus haut.
L'Eſcarbot prend ſon temps, fait faire aux œufs le ſaut.
La mort de Jean Lapin derechef eſt vengée.
Ce ſecond deuil fut tel que l'écho de ces bois
N'en dormit de plus de ſix mois.
L'Oiſeau qui porte (*b*) Ganiméde,
Du Monarque des Dieux enfin implore l'aide,
Dépoſe en ſon giron ſes œufs, & croit qu'en paix
Ils feront dans ce lieu, que pour ſes intérêts
Jupiter ſe verra contraint de les défendre :
Hardi qui les iroit là prendre.
Auſſi ne les y prit-on pas.
Leur ennemi changea de note,
Sur la robe du Dieu fit tomber une crotte :
Le Dieu la ſecouant jetta les œufs à bas.
Quand l'Aigle ſut l'inadvertance,
Elle menaça Jupiter

(*b*) Bel enfant, aimé de Jupiter, qui l'enleva ſur ſon Aigle,

D'abandonner fa Cour, d'aller vivre au défert :
    De quitter toute dépendance,
    Avec mainte autre extravagance.
    Le pauvre Jupiter fe tut.
Devant fon Tribunal l'Efcarbot comparut,
    Fit fa plainte, & conta l'affaire.
On fit entendre à l'Aigle enfin qu'elle avoit tort.
Mais les deux ennemis ne voulant point d'accord,
Le Monarque des Dieux s'avifa, pour bien faire,
De tranfporter le temps où l'Aigle fait l'amour,
En une autre faifon, quand la race Efcarbote
Eft en quartier d'hiver, & comme la Marmote,
    Se cache & ne voit point le jour.

FABLE IX.

Le Lion & le Moucheron.

VA-t-en, chétif insecte, excrément de la terre.
　　　C'est en ces mots que le Lion
　　　Parloit un jour au Moucheron.
　　　L'autre lui déclara la guerre.
Penses-tu, lui dit-il, que ton titre de Roi
　　　Me fasse peur, ni me soucie ?
　　　Un Bœuf est plus puissant que toi,
　　　Je le méne à ma fantaisie.
　　　A peine il achevoit ces mots,
　　　Que lui-même il sonna la charge,
　　　Fut le Trompette & le Héros.
　　　Dans l'abord il se met au large,
　　　Puis, prend son temps, fond sur le cou

Du Lion qu'il rend prefque fou.
Le quadrupéde écume, & fon œil étincelle :
Il rugit : on fe cache, on tremble à l'environ ;
    Et cette alarme univerfelle
    Eft l'ouvrage d'un Moucheron.
Un avorton de Mouche en cent lieux le harcelle,
Tantôt pique l'échine, & tantôt le mufeau,
    Tantôt entre au fond du nazeau.
La rage alors fe trouve à fon faîte montée.
L'invifible ennemi triomphe, & rit de voir
Qu'il n'eft griffe ni dent en la bête irritée,
Qui de la mettre en fang ne faffe fon devoir.
Le malheureux Lion fe déchire lui-même,
Fait réfonner fa queue à l'entour de fes flancs,
Bat l'air qui n'en peut mais ; & fa fureur extrême
Le fatigue, l'abat : le voilà fur les dents.
L'Infecte, du combat fe retire avec gloire :
Comme il fonna la charge, il fonne la victoire,
Va par tout l'annoncer, & rencontre en chemin
    L'embufcade d'une Araignée :
    Il y rencontre auffi fa fin.

Quelle chofe par-là nous peut être enfeignée ?
J'en vois deux, dont l'une eft qu'entre nos ennemis
Les plus à craindre font fouvent les plus petits :
L'autre, qu'aux grands périls tel a pû fe fouftraire,
    Qui périt pour la moindre affaire.

FABLE X.

L'Ane chargé d'éponges, & l'Ane chargé de sel.

UN Anier, son sceptre à la main,
   Menoit en Empereur Romain
   Deux (1) Coursiers à longues oreilles.
L'un d'éponges chargé marchoit comme un courier :
     Et l'autre se faisant prier,
     (2) Portoit, comme on dit, les bouteilles.
Sa charge étoit de sel. Nos gaillards pélerins
     Par mont, par vaux & par chemins
Au gué d'une riviere à la fin arriverent,

---

(1) On donne le nom de *Coursier* à de beaux & bons chevaux : ici ce sont deux Anes, dont les oreilles sont, à proportion, beaucoup plus longues que celles des chevaux.

(2) Marchoit lentement, comme s'il eût porté les bouteilles.

Et fort empêchés fe trouverent.
L'Anier, qui tous les jours traverfoit ce gué-là,
Sur l'Ane à l'éponge monta,
Chaffant devant lui l'autre bête,
Qui voulant en faire à fa tête,
Dans un trou fe précipita,
Revint fur l'eau, puis échappa :
Car au bout de quelques nagées
Tout fon fel fe fondit fi bien,
Que le Baudet ne fentit rien
Sur fes épaules foulagées.
Camarade Epongier prit exemple fur lui,
Comme un Mouton qui va deffus la foi d'autrui.
Voilà mon Ane à l'eau, jufqu'au col il fe plonge,
Lui, le conducteur & l'éponge.
Tous trois bûrent d'autant : l'Anier & le Grifon
(3) Firent à l'éponge raifon.
Celle-ci devint fi pefante,
Et de tant d'eau s'emplit d'abord,
Que l'Ane fuccombant ne put gagner le bord.
L'Anier l'embraffoit dans l'attente
D'une prompte & certaine mort.
Quelqu'un vint au fecours : qui ce fut, il n'importe,
C'eft affez qu'on ait vû par-là qu'il ne faut point
Agir chacun de même forte.
J'en voulois venir à ce point.

(3) Se remplirent d'eau comme l'éponge.

FABLE XI.

Le Lion & le Rat.

IL faut, autant qu'on peut, obliger tout le monde,
On a souvent besoin d'un plus petit que soi.
De cette vérité deux Fables feront foi,
     Tant la chose en preuves abonde.

     Entre les pattes d'un Lion,
Un Rat sortit de terre assez à l'étourdie.
Le Roi des animaux, en cette occasion,
Montra ce qu'il étoit, & lui donna la vie.
     Ce bienfait ne fut pas perdu.
     Quelqu'un auroit-il jamais cru,
     Qu'un Lion d'un Rat eût affaire ?
Cependant il avint qu'au sortir des forêts,

Ce

Ce Lion fut pris dans des rets,
Dont ſes rugiſſemens ne le purent défaire.
Sire Rat accourut, & fit tant par ſes dents,
Qu'une maille rongée emporta tout l'ouvrage.

Patience & longueur de temps
Font plus que force ni que rage.

FABLE XII.

La Colombe & la Fourmi.

L'Autre exemple eſt tiré d'animaux plus petits.
Le long d'un clair ruiſſeau bûvoit une Colombe :
Quand ſur l'eau ſe penchant une Fourmis y tombe.
Et dans cet Océan (1) l'on eût vû la Fourmis
S'efforcer, mais en vain, de regagner la rive.
La Colombe auſſi-tôt uſa de charité.
Un brin d'herbe dans l'eau par elle étant jetté,
Ce fut (2) un Promontoire, où la Fourmis arrive.
Elle ſe ſauve ; & là-deſſus

(1) La grande mer, par rap-port à la Fourmi.

(2) Pointe de terre ou de roche qui avance dans la mer.

Paſſe un certain (3) Croquant qui marchoit les piéds
nus :
Ce Croquant, par hazard, avoit une arbalête.
Dès qu'il voit l'Oiſeau de Vénus,
Il le croit en ſon pot, & déjà lui fait fête.
Tandis qu'à le tuer mon Villageois s'apprête,
La Fourmis le pique au talon.
Le (4) Vilain retourne la tête.
La Colombe l'entend, part, & tire de long.
Le ſoupé du Croquant avec elle s'envole :
Point de Pigeon pour une obole.

(3) Un Payſan. En 1637,
ſous Louis XIII. il ſe fit un ſou-
levement de quelques Communes dans le Perigord & la Xain-
tonge, qui, ſous prétexte de
liberté, ne vouloient plus payer
de ſubſides, & ſe nommoient
Croquans. De là ce nom a été
employé pour déſigner en général un pauvre Payſan, un Villageois.

(4) Mot ancien, qui ſignifie
un Payſan. De *Villa*, Maiſon
de campagne, a été formé *Vil-
lanus*, qui n'eſt que de la baſſe
latinité.

FABLE XIII.

L'Astrologue qui se laisse tomber dans un puits.

UN Astrologue un jour se laissa choir
Au fond d'un puits. On lui dit : Pauvre bête,
Tandis qu'à peine à tes piéds tu peux voir,
Penses-tu lire au-dessus de ta tête ?

Cette aventure en soi, sans aller plus avant,
Peut servir de leçon à la plûpart des hommes.
Parmi ce que de gens sur la terre nous sommes,
      Il en est peu qui fort souvent
      Ne se plaisent d'entendre dire ,
Qu'au livre du Destin les mortels peuvent lire.
Mais ce livre qu'Homere & les siens ont chanté ,
Qu'est-ce que le hazard parmi l'Antiquité ,

Et parmi nous la Providence ?
Or du hazard il n'eſt point de ſcience :
S'il en étoit, on auroit tort
De l'appeller hazard, ni fortune, ni ſort,
Toutes choſes très-incertaines.
Quant aux volontés ſouveraines
De celui qui fait tout, & rien qu'avec deſſein,
Qui les fait que lui ſeul ? Comment lire en ſon
ſein ?
Auroit-il imprimé ſur le front des Etoiles
Ce que la nuit des temps enferme dans ſes voiles ?
A quelle utilité ? Pour exercer l'eſprit
De ceux qui de la Sphére & du Globe ont écrit ?
Pour nous faire éviter des maux inévitables ?
Nous rendre dans les biens de plaiſirs incapables ;
Et cauſant du dégoût pour ces biens (1) prévenus,
Les convertir en maux devant qu'ils ſoient venus ?
C'eſt erreur, ou plûtôt c'eſt crime de le croire.
Le Firmament ſe meut, les Aſtres font leur cours,
Le Soleil nous luit tous les jours :
Tous les jours ſa clarté ſuccede à l'ombre noire,
Sans que nous en puiſſions autre choſe inférer
Que la néceſſité de luire & d'éclairer,
D'amener les ſaiſons, de meurir les ſemences,
De verſer ſur les corps certaines influences.
Du reſte, en quoi répond au ſort toujours divers,
Ce train toujours égal dont marche l'Univers ?
Charlatans, faiſeurs d'horoſcope,
Quittez les Cours des Princes de l'Europe.

______

(1) Anticipés par notre imagination.

Emmenez avec vous les (2) fouffleurs tout d'un temps,
Vous ne méritez pas plus de foi que ces gens.
Je m'emporte un peu trop : revenons à l'hiſtoire
De ce Spéculateur qui fut contraint de boire.
Outre la vanité de ſon art menſonger,
C'eſt l'image de ceux qui bâillent aux chiméres,
    Cependant qu'ils ſont en danger,
    Soit pour eux, ſoit pour leurs affaires.

(2) Les Chimiſtes, qui s'amuſent à chercher la pierre Phi-loſophale, c'eſt-à-dire, le moyen de convertir des métaux communs en or.

FABLE XIV.

Le Liévre & les Grenouilles.

UN Liévre en son gîte songeoit,
(Car que faire en un gîte à moins que l'on ne songe ?)
Dans un profond ennui ce Liévre se plongeoit :
Cet animal est triste, & la crainte le ronge.
　　Les gens de naturel peureux,
　　　Sont, disoit-il, bien malheureux.
Ils ne sauroient manger morceau qui leur profite.
Jamais un plaisir pur : toujours assauts divers.
Voilà comme je vis : cette crainte maudite
M'empêche de dormir sinon les yeux ouverts.
Corrigez-vous, dira quelque sage cervelle.
　　　Et la peur se corrige-t-elle ?
　　　Je croi même qu'en bonne foi
　　　　　　G iiij

Les hommes ont peur comme moi.
Ainſi raiſonnoit notre Liévre ;
Et cependant faiſoit le guet.
Il étoit douteux, inquiet :
Un ſouffle, une ombre, un rien, tout lui donnoit la
　　fiévre.
　　　　Le mélancolique animal,
　　　　En rêvant à cette matiére,
Entend un leger bruit : ce lui fut un ſignal
　　　　Pour s'enfuir devers ſa taniére.
Il s'en alla paſſer ſur le bord d'un étang.
Grenouilles auſſi-tôt de ſauter dans les ondes :
Grenouilles de rentrer dans leurs grottes profondes.
　　　　Oh, dit-il, j'en fais faire autant
　　　　Qu'on m'en fait faire ! Ma préſence
Effraie auſſi les gens ! Je mets l'alarme au camp !
　　　　Et d'où me vient cette vaillance ?
Comment, des animaux qui tremblent devant moi !
　　　　Je ſuis donc un foudre de guerre.
Il n'eſt, je le vois bien, ſi poltron ſur la terre,
Qui ne puiſſe trouver un plus poltron que ſoi.

FABLE XV.

Le Coq & le Renard.

SUr la branche d'un arbre étoit en sentinelle
    Un vieux Coq adroit & matois.
Frere, dit un Renard adoucissant sa voix,
    Nous ne sommes plus en querelle :
    Paix générale cette fois.
Je viens te l'annoncer, descens que je t'embrasse.
    Ne me retarde point, de grace :
Je dois faire aujourd'hui vingt postes sans manquer.
    Les tiens & toi, pouvez vaquer,
    Sans nulle crainte, à vos affaires :
    Nous vous y servirons en freres,
    Faites-en les feux dès ce soir ;
    Et cependant vien recevoir

Le baiser d'amour fraternelle.
Ami, reprit le Coq, je ne pouvois jamais
Apprendre une plus douce & meilleure nouvelle,
Que celle
De cette paix.
Et ce m'est une double joie
De la tenir de toi. Je vois deux Lévriers
Qui, je m'assure, sont courriers,
Que pour ce sujet on envoie.
Ils vont vîte, & seront dans un moment à nous.
Je descens : nous pourrons nous entrebaiser tous.
Adieu, dit le Renard, ma traite est longue à faire.
Nous nous réjouirons du succès de l'affaire
Une autre fois. Le galant aussi-tôt
Tire ses (1) grégues, gagne au haut,
Mal-content de son stratagême ;
Et notre vieux Coq, en soi-même,
Se mit à rire de sa peur :
Car c'est double plaisir de tromper le trompeur.

(1) Vieux mot, pour dire, tirer ses chausses, s'enfuir. *Ménage* soupçonne que *Grégue* vient de *Græca*, comme qui diroit, *Culotte à la Grecque.*

FABLE XVI.

Le Corbeau voulant imiter l'Aigle.

L'Oifeau de Jupiter enlevant un Mouton,
  Un Corbeau témoin de l'affaire,
Et plus foible de reins, mais non pas moins glouton,
  En voulut fur l'heure autant faire.
  Il tourne à l'entour du troupeau,
Marque entre cent Moutons, le plus gras, le plus beau,
  Un vrai Mouton de facrifice.
On l'avoit réfervé pour la bouche des Dieux.
Gaillard Corbeau difoit, en le couvant des yeux
  Je ne fai qui fut ta nourrice,
Mais ton corps me paroît en merveilleux état :
  Tu me ferviras de pâture.
Sur l'animal bêlant à ces mots il s'abat.

La Moutoniére créature
Pesoit plus qu'un fromage, outre que sa toison
        Etoit d'une épaisseur extrême,
Et mêlée, à peu près, de la même façon
        Que la barbe de (1) Polyphême.
Elle empêtra si bien les serres du Corbeau,
Que le pauvre animal ne put faire retraite :
Le Berger vient, le prend, l'encage bien & beau,
Le donne à ses enfans pour servir d'amusette.

Il faut se mesurer, la conséquence est nette.
Mal prend aux Volereaux de faire les voleurs.
        L'exemple est un dangereux leure.
Tous les mangeurs de gens ne sont pas grands
    Seigneurs :
Où la Guêpe a passé, le Moucheron demeure.

(1) Un Cyclope.

FABLE XVII.

Le Paon se plaignant à Junon.

LE Paon se plaignoit à Junon.
Déesse, disoit-il, ce n'est pas sans raison
    Que je me plains, que je murmure :
    (1) Le chant dont vous m'avez fait don
    Déplaît à toute la nature :
Au lieu qu'un Rossignol, chétive créature,
    Forme des sons aussi doux qu'éclatans,
    Est lui seul l'honneur du Printemps.
    Junon répondit en colere :
    Oiseau jaloux, & qui devrois te taire,
Est-ce à toi d'envier la voix du Rossignol,

(1) Le chant du Paon n'a rien d'agréable. C'est plûtôt un miau-
lement qu'un chant.

Toi que l'on voit porter à l'entour de ton col
Un arc-en-ciel nué de cent fortes de foyes,
　　　Qui te panades, qui déploies
Une fi riche queue, & qui femble à nos yeux
　　　　La boutique d'un Lapidaire ?
　　　　Eft-il quelque oifeau fous les Cieux
　　　　Plus que toi capable de plaire ?
Tout animal n'a pas toutes propriétez.
Nous vous avons donné diverfes qualitez.
Les uns ont la grandeur & la force en partage :
Le Faucon eft léger, l'Aigle plein de courage,
　　　　Le Corbeau fert pour le préfage,
La Corneille avertit des malheurs à venir.
　　　　Tous font contens de leur ramage.
Ceffe donc de te plaindre, ou bien, pour te punir,
　　　　Je t'ôterai ton plumage.

FABLE XVIII.

La Chate métamorphosée en Femme.

UN homme chériſſoit éperdument ſa Chate,
Il la trouvoit mignonne, & belle, & délicate,
    Qui miauloit d'un ton fort doux :
    Il étoit plus fou que les fous.
Cet homme donc, par prieres, par larmes,
    Par ſortiléges & par charmes,
    Fait tant qu'il obtient du Deſtin,
    Que ſa Chatte, en un beau matin,
    Devient femme ; & le matin même,
    Maître ſot en fait ſa moitié.
    Le voilà fou d'amour extrême,
    De fou qu'il étoit d'amitié.
    Jamais la Dame la plus belle

Ne charma tant son favori,
Que fait cette époufe nouvelle
Son hypocondre de mari.
Il l'amadoue, elle le flatte :
Il n'y trouve plus rien de Chate ;
Et pouffant l'erreur jufqu'au bout,
La croit femme en tout & par tout.
Lorfque quelques Souris qui rongeoient de la natte ,
Troublerent le plaifir des nouveaux mariés.
Auffi-tôt la femme eft fur piéds :
Elle manqua fon aventure.
Souris de revenir, femme d'être en pofture.
Pour cette fois elle accourut à point :
Car ayant changé de figure ,
Les Souris ne la craignoient point.
Ce lui fut toujours une amorce ,
Tant le naturel a de force.
Il fe moque de tout : certain âge accompli ,
Le vafe eft imbibé, l'étoffe a pris fon pli.
(1) En vain de fon train ordinaire
On le veut défaccoutumer.
Quelque chofe qu'on puiffe faire ,

---

(1) Tout ce que nous dit ici la Fontaine, Horace l'a renfermé plus heureufement, à mon avis, dans ce vers :

Naturam expellas furcâ , tamen ufque recurret.
　　　　　　Epift. x. lib. 1.

& je ne faurois m'empêcher d'ajouter (fans décider pourtant) que la Fontaine auroit beau-coup mieux fait de terminer fa Fable par ces deux vers :

Il fe moque de tout : certain âge accompli ,
Le vafe eft imbibé , l'étoffe a pris fon pli.

car le refte n'eft qu'une foible répétition de la même penfée, où je croi que la Fontaine s'eft engagé par l'envie d'imiter Horace.

On ne ſauroit le réformer.
Coups de fourches, ni d'étriviéres
Ne lui font changer de maniéres;
Et fuſſiez-vous embâtonnés,
Jamais vous n'en ferez les maîtres.
Qu'on lui ferme la porte au nez,
Il revienda par les fenêtres.

FABLE XIX.

Le Lion & l'Ane chaffant.

LE Roi des animaux fe mit un jour en tête
   De giboyer. Il célébroit fa fête.
Le Gibier du Lion ce ne font point moineaux,
Mais beaux & bons Sangliers, Dains & Cerfs bons
   & beaux.
     Pour réuffir dans cette affaire,
     Il fe fervit du miniftere
     De l'Ane à la voix de (1) Stentor.
L'Ane à Meffer Lion fit office de Cor.
Le Lion le pofta, le couvrit de ramée,
Lui commanda de braire, affuré qu'à ce fon

(1) Un Grec qui, felon Homere, avoit la voix fort fuperieure à
celle des autres hommes.

Les moins intimidés fuiroient de leur maiſon.
Leur troupe n'étoit pas encore accoutumée
    A la tempête de ſa voix :
L'air en retentiſſoit d'un bruit épouvantable :
La frayeur ſaiſiſſoit les hôtes de ces bois.
Tous fuyoient, tous tomboient au piége inévitable
    Où les attendoit le Lion.
N'ai-je pas bien ſervi dans cette occaſion ?
Dit l'Ane, en ſe donnant tout l'honneur de la chaſſe.
Oui, reprit le Lion, c'eſt bravement crié.
Si je ne connoiſſois ta perſonne & ta race,
    J'en ſerois moi-même effrayé.
L'Ane, s'il eût oſé, ſe fût mis en colere,
Encor qu'on le raillât avec juſte raiſon :
Car qui pourroit ſouffrir un Ane fanfaron ?
    Ce n'eſt pas là leur caractere.

FABLE XX.

Teſtament expliqué par Eſope.

SI ce qu’on dit d’Eſope eſt vrai,
C’étoit l’Oracle de la Gréce :
Lui ſeul avoit plus de ſageſſe
Que tout l’Aréopage. En voici pour eſſai
Une hiſtoire des plus gentilles ;
Et qui pourra plaire au lecteur.

Un certain homme avoit trois filles,
Toutes trois de contraire humeur :
Une buveuſe, une coquette,
La troiſiéme avare parfaite.
Cet homme par ſon teſtament,
Selon les loix municipales,

Leur laiſſa tout ſon bien par portions égales,
    En donnant à leur mere tant,
    Payable quand chacune d'elles
Ne poſſéderoit plus ſa contingente part.
    Le pere mort, les trois femelles
Courent au Teſtament ſans attendre plus tard.
    On le lit, on tâche d'entendre
    La volonté du Teſtateur,
    Mais en vain : car comment comprendre
    Qu'auſſi-tôt que chacune ſœur
Ne poſſédera plus ſa part héréditaire,
    Il lui faudra payer ſa mere ?
    Ce n'eſt pas un fort bon moyen
    Pour payer, que d'être ſans bien.
    Que vouloit donc dire le pere ?
L'affaire eſt conſultée ; & tous les Avocats
    Après avoir tourné le cas
    En cent & cent mille maniéres,
Y jettent (1) leur bonnet, ſe confeſſent vaincus ;
    Et conſeillent aux héritiéres
De partager le bien ſans ſonger au ſurplus.
    Quant à la ſomme de la veuve,
Voici, leur dirent-ils, ce que le Conſeil treuve :
Il faut que chaque ſœur ſe charge par traité
    Du tiers payable à volonté,
Si mieux n'aime la mere en créer une rente
    Dès le décès du mort courante.
La choſe ainſi reglée, on compoſa trois lots :
    En l'un, les maiſons de bouteille,

(1) Expreſſion figurée, pour dire qu'ils ſe déclarent incapables
d'expliquer le teſtament.

Les buffets dreſſés ſous la treille,
La vaiſſelle d'argent, les cuvettes, les brocs,
Les magaſins de (2) Malvoiſie,
Les eſclaves de bouche, & pour dire en deux mots,
L'attirail de la goinfrerie.
Dans un autre, celui de la coquetterie,
La maiſon de la ville, & les meubles exquis,
Les Eunuques & les coëffeuſes,
Et les Brodeuſes,
Les joyaux, les robes de prix.
Dans le troiſiéme lot, les fermes, le ménage,
Les troupeaux & le pâturage,
Valets & bêtes de labeur.
Ces lots faits, on jugea que le ſort pourroit faire,
Que peut-être pas une ſœur
N'auroit ce qui lui pourroit plaire.
Ainſi, chacune prit ſon inclination,
Le tout à l'eſtimation.
Ce fut dans la ville d'Athenes,
Que cette rencontre arriva.
Petits & grands, tout approuva
Le partage & le choix. Eſope ſeul trouva
Qu'après bien du temps & des peines,
Les gens avoient pris juſtement
Le contre-piéd du teſtament.
Si le défunt vivoit, diſoit-il, que (3) l'Attique
Auroit de reproches de lui !
Comment ! Ce peuple qui ſe pique

---

(2) Vin Grec, fort doux. Ici *Malvoiſie* ſe prend pour toute ſorte de bon vin.

(3) Cette partie de la Gréce, dont Athenes étoit la Capitale.

D'être le plus subtil des peuples d'aujourd'hui ,
A si mal entendu la volonté suprême
    D'un Testateur ! Ayant ainsi parlé ,
      Il fait le partage lui-même ,
Et donne à chaque sœur un lot contre son gré ,
      Rien qui pût être convenable ,
      Partant rien aux sœurs d'agréable :
      A la Coquette l'attirail
      Qui suit les personnes buveuses :
      La Biberonne eut le bétail :
      La Ménagére eut les coëffeuses.
      Tel fut l'avis du (*a*) Phrygien ,
      Alléguant qu'il n'étoit moyen
      Plus sûr pour obliger ces filles
      A se défaire de leur bien :
Qu'elles se mariroient dans les bonnes familles ,
      Quand on leur verroit de l'argent :
      Pairoient leur mere tout comptant ,
Ne possèderoient plus les effets de leur pere ,
      Ce que disoit le testament.
Le peuple s'étonna comme il se pouvoit faire
      Qu'un homme seul eût plus de sens
      Qu'une multitude de gens.

(*a*) Esope , né en Phrygie.

    Fin du deuxiéme Livre.

LIVRE

LIVRE TROISIÉME.

FABLE PREMIERE.

Le Meûnier, son Fils, & l'Ane.

A M. D. M.

L'Invention des Arts étant un droit d'aînesse,
Nous devons (1) l'Apologue à l'ancienne Gréce:
Mais ce champ ne se peut tellement moissonner,
Que les derniers venus n'y trouvent à glaner.
La feinte est un pays plein de terres désertes.
Tous les jours nos Auteurs y font des découvertes.
Je t'en veux dire un trait assez bien inventé:

(1) Fable instructive.
Tome I.   I

Autrefois à (2) Racan, Malherbe l'a conté.
Ces deux rivaux d'Horace, héritiers de sa Lyre,
Disciples d'Apollon, nos Maîtres, pour mieux dire,
Se rencontrant un jour tout seuls & sans témoins,
(Comme ils se confioient leurs pensers & leurs soins)
Racan commence ainsi : Dites-moi, je vous prie,
Vous qui devez savoir les choses de la vie,
Qui par tous ses degrez avez déjà passé,
Et que rien ne doit fuir en cet âge avancé,
A quoi me résoudrai-je ? Il est temps que j'y pense.
Vous connoissez mon bien, mon talent, ma naissance.
Dois-je dans la Province établir mon séjour ?
Prendre emploi dans l'Armée, ou bien charge à la
    Cour ?
Tout au monde est mêlé d'amertume & de charmes :
La Guerre a ses douceurs, l'Hymen a ses alarmes.
Si je suivois mon goût, je saurois où buter,
Mais j'ai les miens, la Cour, le peuple à contenter.
Malherbe là-dessus. Contenter tout le monde !
Ecoutez ce récit avant que je réponde.

J'ai lû dans quelque endroit, qu'un Meûnier & son
    fils,
L'un vieillard, l'autre enfant, non pas des plus petits,
Mais garçon de quinze ans, si j'ai bonne mémoire,
Alloient vendre leur Ane un certain jour de Foire.
Afin qu'il fût plus frais & de meilleur débit,
On lui lia les piéds, on vous le suspendit :
Puis cet homme & son fils le portent comme un lustre :
Pauvres gens, idiots, couple ignorant & rustre !

(2) Excellent Poëte François, mort en 1670.

Le premier qui les vit, de rire s'éclata.
Quelle farce, dit-il, vont jouer ces gens-là?
Le plus Ane des trois n'eſt pas celui qu'on penſe.
Le Meûnier, à ces mots, connoît ſon ignorance.
Il met ſur piéds ſa bête, & la fait détaler.
L'Ane qui goûtoit fort l'autre façon d'aller,
Se plaint en ſon patois. Le Meûnier (3) n'en a cure.
Il fait monter ſon fils, il ſuit; & d'aventure
Paſſent trois bons Marchands. Cet objet leur déplut.
Le plus vieux, au garçon, s'écria tant qu'il put:
Oh là, oh, deſcendez que l'on ne vous le diſe,
Jeune homme qui menez laquais à barbe griſe.
C'étoit à vous de ſuivre, au vieillard de monter.
Meſſieurs, dit le Meûnier, il vous faut contenter.
L'enfant met piéd à terre, & puis le vieillard monte.
Quand trois filles paſſant, l'une dit: C'eſt grand'honte
Qu'il faille voir ainſi clocher ce jeune fils,
Tandis que ce nigaud, comme un Evêque aſſis,
Fait le veau ſur ſon Ane, & penſe être bien ſage.
Il n'eſt, dit le Meûnier, plus de veaux à mon âge.
Paſſez votre chemin, la fille, & m'en croyez.
Après maints quolibets, coup ſur coup renvoyés,
L'homme crut avoir tort, & mit ſon fils en croupe.
Au bout de trente pas, une troiſiéme troupe
Trouve encóre à gloſer. L'un dit: Ces gens ſont fous.
Le Baudet n'en peut plus, il mourra ſous leurs coups.
Hé quoi! charger ainſi cette pauvre Bourique!
N'ont-ils point de pitié de leur vieux domeſtique?
Sans doute qu'à la Foire ils vont vendre ſa peau.
Parbieu, dit le Meûnier, eſt bien fou du cerveau,

(3) Ne s'en met point en peine.

Qui prétend contenter tout le monde & fon pére.
Effayons toutefois, fi par quelque maniére
Nous en viendrons à bout. Ils defcendent tous deux :
L'Ane (4) fe prélaffant marche feul devant eux.
Un quidam les rencontre, & dit : Eft-ce la mode
Que Baudet aille à l'aife, & Meûnier s'incommode ?
Qui de l'Ane ou du Maître eft fait pour fe laffer ?
Je confeille à ces gens de le faire enchaffer.
Ils ufent leurs fouliers, & confervent leur Ane :
Nicolas, au rebours : car quand il va voir Jeanne,
Il monte fur fa bête, & la chanfon le dit.
Beau trio de Baudets ! Le Meûnier repartit,
Je fuis Ane, il eft vrai, j'en conviens, je l'avoue :
Mais que dorénavant on me blâme, on me loue,
Qu'on dife quelque chofe, ou qu'on ne dife rien,
J'en veux faire à ma tête : il le fit, & fit bien.

Quant à vous, fuivez Mars, ou l'Amour, ou le
    Prince,
Allez, venez, courez, demeurez en Province,
Prenez femme, Abbaye, emploi, gouvernement,
Les gens en parleront, n'en doutez nullement.

(4) Prenant l'air grave & majeftueux d'un Prélat. On trouve *fe prélaffer* dans Rabelais ; & c'eft apparemment de là que la Fontaine l'a tiré. *Je vis Diogenes*, dit Epiftemon, revenu des Enfers, *qui fe prélaffoit en magnificence, avec une grand' robe de poulpre & un fceptre à fa dextre, & faifoit enrager Alexandre le Grand, quand il n'avoit bien rapetaffé fes chauffes.* Pantagruel, Liv. II. ch. 30. Et ailleurs, parlant du Bucheron à qui Mercure avoit préfenté trois coignées, l'une d'or, l'autre d'argent, & une troifiéme de bois, & qui s'étant contenté de celle de bois qu'il avoit perdue, reçut les deux autres en récompenfe de fa bonne foi, il ajoûte : *Ainfi le Bucheron s'en va prélaffant par le Païs, faifant bonne trogne parmi fes parochiens & voifins.*

FABLE II.

Les Membres & l'Estomac.

JE devois par la Royauté
Avoir commencé mon ouvrage :
A la voir d'un certain côté,
Messer (1) Gaster en est l'image.
S'il a quelque besoin, tout le corps s'en ressent.
De travailler pour lui les membres se lassant,
Chacun d'eux résolut de vivre en Gentilhomme,
Sans rien faire, alleguant l'exemple de Gaster.
Il faudroit, disoient-ils, sans nous qu'il vécût d'air.
Nous suons, nous peinons, comme bêtes de somme :
Et pour qui ? pour lui seul : nous n'en profitons pas,

(1) *L'estomac.* C'est dans ce sens-là que Rabelais s'est avisé d'employer le mot de *Gaster,* qui est originairement Grec.

I iij

Notre foin n'aboutit qu'à fournir fes repas.
Chommons, c'eft un métier qu'il veut nous faire
　　apprendre.
Ainfi dit, ainfi fait. Les mains ceffent de prendre,
　　　Les bras d'agir, les jambes de marcher.
Tous dirent à Gafter qu'il en allât chercher.
Ce leur fut une erreur dont ils fe repentirent.
Bien-tôt les pauvres gens tomberent en langueur :
Il ne fe forma plus de nouveau fang au cœur :
Chaque membre en fouffrit : les forces fe perdirent.
　　　Par ce moyen les mutins virent
Que celui qu'ils croyoient oifif & pareffeux,
A l'intérêt commun contribuoit plus qu'eux.
Ceci peut s'appliquer à la grandeur Royale.
Elle reçoit & donne ; & la chofe eft égale.
Tout travaille pour elle, & réciproquement
　　　Tout tire d'elle l'aliment.
Elle fait fubfifter l'artifan de fes peines,
Enrichit le Marchand, gage le Magiftrat,
Maintient le laboureur, donne paye au foldat,
Diftribue en cent lieux fes graces fouveraines,
　　　Entretient feule tout l'Etat.
　　　(a) Menenius le fut bien dire.
La Commune s'alloit féparer du Sénat.
Les mécontens difoient qu'il avoit tout l'Empire,
Le pouvoir, les tréfors, l'honneur, la dignité :
Au lieu que tout le mal étoit de leur côté,
Les tributs, les impôts, les fatigues de guerre.
Le peuple hors des murs étoit déjà pofté,
La plûpart s'en alloient chercher une autre terre,

____

(a) Sénateur Romain, du temps des Confuls.

Quand Menenius leur fit voir
Qu'ils étoient aux membres femblables;
Et par cet Apologue infigne entre les Fables,
Les ramena dans leur devoir.

FABLE III.

Le Loup devenu Berger.

UN Loup qui commençoit d'avoir petite part
    Aux Brebis de son voisinage,
Crut qu'il falloit s'aider de la peau du Renard,
    Et faire un nouveau personnage.
Il s'habille en Berger, endosse un hoqueton,
    Fait sa houlette d'un bâton,
    Sans oublier la Cornemuse.
    Pour pousser jusqu'au bout la ruse,
Il auroit volontiers écrit sur son chapeau,
C'est moi qui suis Guillot, Berger de ce troupeau.
    Sa personne étant ainsi faite,
Et ses piéds de devant posés sur sa houlette,

Guillot le (1) Sycophante approche doucement.
Guillot, le vrai Guillot, étendu fur l'herbette,
    Dormoit alors profondément.
Son chien dormoit auffi, comme auffi fa mufette.
La plûpart des Brebis dormoient pareillement.
    L'hypocrite les laiffa faire;
Et pour pouvoir mener vers fon fort les Brebis,
Il voulut ajoûter la parole aux habits,
    Chofe qu'il croyoit néceffaire,
    Mais cela gâta fon affaire.
Il ne put du Pafteur contrefaire la voix.
Le ton dont il parla fit retentir les bois;
    Et découvrit tout le myftére.
    Chacun fe réveille à ce fon,
    Les Brebis, le Chien, le Garçon.
    Le pauvre Loup dans cet efclandre,
    Empêché par fon hoqueton,
    Ne put ni fuir, ni fe défendre.

Toujours par quelque endroit fourbes fe laiffent
  prendre.
    Quiconque eft Loup, agiffe en Loup:
    C'eft le plus certain de beaucoup.

(1) *Trompeur.*

FABLE IV.

Les Grenouilles qui demandent un Roi.

L Es Grenouilles se lassant
De l'état (*a*) Démocratique,
Par leurs clameurs firent tant
Que Jupin les soumit (*b*) au pouvoir Monarchique.
Il leur tomba du Ciel un Roi tout pacifique :
Ce Roi fit toutefois un tel bruit en tombant,
Que la gent marécageuse,
Gent fort sotte & fort peureuse,
S'alla cacher sous les eaux,
Dans les joncs, dans les roseaux,
Dans les trous du marécage,

(*a*) Où le Peuple gouverne.
(*b*) Au gouvernement sou- | verain d'un seul, qu'on nomme
Monarque, Roi, Prince, &c.

Sans ofer de long-temps regarder au vifage
Celui qu'elles croyoient être un géant nouveau.
Or c'étoit un foliveau,
De qui la gravité fit peur à la premiére,
Qui de le voir s'aventurant,
Ofà bien quitter fa taniére.
Elle approcha; mais en tremblant.
Une autre la fuivit, une autre en fit autant,
Il en vint une fourmiliére;
Et leur troupe à la fin fe rendit familiére
Jufqu'à fauter fur l'épaule du Roi.
Le bon Sire le fouffre, & fe tient toujours coi.
Jupin en a bien-tôt la cervelle rompue.
Donnez-nous, dit ce peuple, un Roi qui fe remue.
Le Monarque des Dieux leur envoie une Grue,
Qui les croque, qui les tue,
Qui les gobe à fon plaifir :
Et Grenouilles de fe plaindre ;
Et Jupin de leur dire : Et quoi votre defir
A fes loix croit-il nous aftraindre ?
Vous avez dû premiérement
Garder votre Gouvernement :
Mais ne l'ayant pas fait, il vous devoit fuffire
Que votre premier Roi fût débonnaire & doux :
De celui-ci contentez-vous,
De peur d'en rencontrer un pire.

FABLE V.

Le Renard & le Bouc.

CApitaine Renard alloit de compagnie
Avec son ami Bouc des plus hauts encornez.
Celui-ci ne voyoit pas plus loin que son nez.
L'autre étoit passé maître en fait de tromperie.
La soif les obligea de descendre en un puits.
    Là, chacun d'eux se désaltere.
Après qu'abondamment tous deux en eurent pris,
Le Renard dit au Bouc : Que ferons-nous, compere?
Ce n'est pas tout de boire, il faut sortir d'ici.
Léve tes piéds en haut, & tes cornes aussi :
Mets-les contre le mur. Le long de ton échine
    Je grimperai premiérement,
    Puis sur tes cornes m'élevant,

A l'aide de cette machine,
De ce lieu-ci je fortirai,
Après quoi je t'en tirerai.
Par ma barbe, dit l'autre, il eft bon ; & je loue
Les gens bien fenfés comme toi.
Je n'aurois jamais, quant à moi,
Trouvé ce fecret, je l'avoue.
Le Renard fort du puits, laiffe fon compagnon ;
Et vous lui fait un beau fermon
Pour l'exhorter à patience.
Si le Ciel t'eût, dit-il, donné par excellence
Autant de jugement que de barbe au menton,
Tu n'aurois pas, à la légere,
Defcendu dans ce puits. Or adieu, j'en fuis hors :
Tâche de t'en tirer, & fais tous tes efforts :
Car pour moi j'ai certaine affaire
Qui ne me permet pas d'arrêter en chemin.

En toute chofe il faut confidérer la fin.

FABLE VI.

L'Aïgle, la Laye & la Chate.

L'Aigle avoit ſes petits au haut d'un arbre creux,
La (a) Laye au piéd, la Chate entre les deux ;
Et ſans s'incommoder, moyennant ce partage,
Meres & nourriſſons faiſoient leur tripotage.
La Chate détruiſit par ſa fourbe l'accord.
Elle grimpa chez l'Aigle, & lui dit : Notre mort,
(Au moins de nos enfans, car c'eſt tout un aux meres)
　　　Ne tardera poſſible guéres.
Voyez-vous à nos piéds foüir inceſſamment
Cette maudite Laye, & creuſer une mine ?
C'eſt pour déraciner le chêne aſſurément,

(a) La femelle du Sanglier.

Et de nos nourriſſons attirer la ruine.
L'arbre tombant, ils ſeront dévorés :
Qu'ils s'en tiennent pour aſſurés.
S'il m'en reſtoit un ſeul, j'adoucirois ma plainte.
Au partir de ce lieu, qu'elle remplit de crainte,
La perfide deſcend tout droit
A l'endroit
Où la Laye étoit en géſine.
Ma bonne amie & ma voiſine,
Lui dit-elle tout bas, je vous donne un avis.
L'Aigle, ſi vous ſortez, fondra ſur vos petits :
Obligez-moi de n'en rien dire :
Son courroux tomberoit ſur moi.
Dans cette autre famille ayant ſemé l'effroi,
La Chate en ſon trou ſe retire.
L'Aigle n'oſe ſortir, ni pourvoir aux beſoins
De ſes petits : la Laye encore moins :
Sottes de ne pas voir que le plus grand des ſoins
Ce doit être celui d'éviter la famine.
A demeurer chez ſoi l'une & l'autre s'obſtine,
Pour ſecourir les ſiens dedans l'occaſion ,
L'Oiſeau royal, en cas de mine,
La Laye, en cas d'irruption.
La faim détruiſit tout : il ne reſta perſonne
De la gent Marcaſſine, & de la gent Aiglonne,
Qui n'allât de vie à trépas :
Grand renfort pour Meſſieurs les Chats.

Que ne ſait point ourdir une langue traîtreſſe
Par ſa pernicieuſe adreſſe ?
Des malheurs qui ſont ſortis

De la boëte de (*b*) Pandore,
Celui qu'à meilleur droit tout l'Univers abhorre;
C'est la fourbe, à mon avis.

(*b*) Trés-belle fille, forgée par Vulcain, à laquelle Jupiter donna une boëte remplie de toute sorte de maux.

FABLE

FABLE VII.

L'Ivrogne & sa femme.

CHacun a son défaut où toujours il revient :
    Honte ni peur n'y remédie.
  Sur ce propos d'un conte il me souvient ;
    Je ne dis rien que je n'appuie
De quelque exemple. Un suppôt de Bacchus
Altéroit sa santé, son esprit & sa bourse.
Telles gens n'ont pas fait la moitié de leur course,
    Qu'ils sont au bout de leurs écus.
Un jour que celui-ci, plein du jus de la treille,
Avoit laissé ses sens au fond d'une bouteille,
Sa femme l'enferma dans un certain tombeau.
    Là, les vapeurs du vin nouveau
Cuverent à loisir. A son réveil il treuve

Tome. I.   K

L'attirail de la mort à l'entour de son corps ,
    Un luminaire, un drap des morts.
Oh! dit-il, qu'est-ceci ? Ma femme est-elle veuve ?
Là-dessus, son épouse en habit d'Alecton ,
Masquée, & de sa voix contrefaisant le ton,
Vient au prétendu mort, approche de sa biére ,
Lui présente un (1) chaudeau propre pour Lucifer.
L'époux alors ne doute en aucune maniére
    Qu'il ne soit citoyen d'Enfer.
Quelle personne es-tu ? dit-il à ce Phantôme.
    (2) La célériére du Royaume
De Satan, reprit-elle ; & je porte à manger
    A ceux qu'enclôt la tombe noire.
    Le mari repart, sans songer ,
    Tu ne leur portes point à boire ?

---

(1) Bouillon ou potage. *Chaudeau,* Jusculum : *Nicot.* De *Caldellum ,* parce qu'on le prend chaud , dit Ménage dans son *Dictionnaire étymologique.*

(2) C'est le nom qu'on donne, chez les Religieuses , à celle qui a soin de recevoir & d'employer le revenu de la Maison.

FABLE VIII.

La Goute & l'Araignée.

QUand l'Enfer eut produit la Goute & l'Araignée,
Mes filles, leur dit-il, vous pouvez vous vanter
    D'être pour l'humaine lignée
    Egalement à redouter.
Or avisons aux lieux qu'il vous faut habiter.
    Voyez-vous ces cases étroites;
Et ces palais si grands, si beaux, si bien dorés ?
Je me suis proposé d'en faire vos retraites.
    Tenez donc, voici deux buchettes :
    Accommodez-vous, ou tirez.
Il n'est rien, dit l'Aragne, aux cases qui me plaise.
L'autre, tout au rebours, voyant les palais pleins
    De ces gens nommés Médecins,

K ij

Ne crut pas y pouvoir demeurer à son aise.
Elle prend l'autre lot, y plante le piquet,
S'étend avec plaisir sur l'orteil d'un pauvre homme,
Disant : Je ne crois pas qu'en ce poste je chomme,
Ni que d'en déloger, & faire mon paquet
     Jamais Hippocrate me somme.
L'Aragne cependant se campe en un lambris,
Comme si de ces lieux elle eût fait bail à vie,
Travaille à demeurer : voilà sa toile ourdie,
     Voilà des moucherons de pris.
Une servante vient balayer tout l'ouvrage.
Autre toile tissue, autre coup de balai.
Le pauvre bestion tous les jours déménage.
     Enfin, après un vain essai,
Il va trouver la Goute. Elle étoit en campagne,
     Plus malheureuse mille fois
     Que la plus malheureuse Aragne.
Son hôte la menoit tantôt fendre du bois,
Tantôt foüir, (1) hoüer. Goute bien tracassée
     Est, dit-on, à demi pansée.
Oh ! Je ne saurois plus, dit-elle, y résister.
Changeons, ma sœur l'Aragne. Et l'autre d'écouter ?
Elle la prend au mot, se glisse en la cabane :
Point de coup de balai qui l'oblige à changer.
La Goute, d'autre part, va tout droit se loger
     Chez un Prélat qu'elle condamne
     A jamais du lit ne bouger.
Cataplasmes, Dieu sait. Les gens n'ont point de honte
De faire aller le mal toujours de pis en pis.

  (1) Travailler avec la houe, outil dont se servent les Vignerons
pour remuer & labourer la terre.

L'une & l'autre trouva de la forte fon compte,
Et fit très-fagement de changer de logis.

FABLE IX.

Le Loup & la Cicogne.

LEs Loups mangent gloutonnement.
Un Loup donc étant de frairie,
Se preſſa, dit-on, tellement,
Qu'il en penſa perdre la vie.
Un os lui demeura bien avant au goſier.
De bonheur pour ce Loup, qui ne pouvoit crier,
Près de là paſſe une Cicogne.
Il lui fait ſigne, elle accourt.
Voilà l'opératrice auſſi-tôt en beſogne.
Elle retira l'os : puis, pour un ſi bon tour,
Elle demanda ſon ſalaire.
Votre ſalaire ? dit le Loup,
Vous riez, ma bonne commere,

Quoi ! ce n'eſt pas encore beaucoup
D'avoir de mon goſier retiré votre cou ?
Allez, vous êtes une ingrate,
Ne tombez jamais ſous ma patte.

FABLE X.

Le Lion abattu par l'Homme.

ON exposoit une peinture,
Où l'artisan avoit tracé
Un Lion d'immense stature
Par un seul homme terrassé.
Les regardans en tiroient gloire.
Un Lion en passant rabattit leur caquet.
Je vois bien, dit-il, qu'en effet
On vous donne ici la victoire,
Mais l'ouvrier vous a déçus,
Il avoit liberté de feindre.
Avec plus de raison nous aurions le dessus,
Si mes confreres savoient peindre.

FABLE

FABLE XI.

Le Renard & les Raisins.

CErtain Renard (1) Gascon , d'autres disent
(2) Normand ,
Mourant presque de faim, vit au haut d'une treille
Des raisins mûrs apparemment ,
Et couverts d'une peau vermeille.
Le galant en eût fait volontiers un repas.
Mais comme il n'y pouvoit atteindre ,
Ils sont trop verds, dit-il, & bons pour des (a) goujats.
Fit-il pas mieux que de se plaindre ?

(1) Fanfaron, effronté, tou-jours prêt à justifier ses fautes par quelque trait de plaisanterie bonne ou mauvaise.

(2) Plein de dissimulation, porté, comme par instinct, à répondre indirectement & obs-curément à ceux qui lui parlent; & lorsqu'il y trouve son compte, à leur dire nettement tout le contraire de ce qu'il pense.

(a) Valets de soldats.

FABLE XII.

Le Cygne & le Cuisinier.

D Ans une ménagerie
De volatilles remplie
Vivoient le Cygne & l'Oifon.
Celui-là deftiné pour les regards du Maître,
Celui-ci pour fon goût : l'un qui fe piquoit d'être
Commenfal du (1) jardin , l'autre de la maifon.
Des foffés du Château faifant (2) leurs galeries,
Tantôt on les eût vûs côte à côte nâger ,
Tantôt courir fur l'onde , & tantôt fe plonger,
Sans pouvoir fatisfaire à leurs vaines envies.
Un jour le Cuifinier ayant trop bû d'un coup,

(1) Fréquentant le plus ordi-
nairement le Jardin , comme | l'autre la Maifon.
(2) Leur lieu de plaifance.

Prit pour Oiſon le Cygne ; & le tenant au cou,
Il alloit l'égorger, puis le mettre en potage.
L'oiſeau, prêt à mourir, ſe plaint en ſon ramage.
Le Cuiſinier fut fort ſurpris,
Et vit bien qu'il s'étoit mépris.
Quoi! Je mettrois, dit-il, un tel (3) chanteur en ſoupe!
Non, non, ne plaiſe aux Dieux que jamais ma main coupe
La gorge à qui s'en ſert ſi bien.

Ainſi dans les dangers qui nous ſuivent en croupe,
Le doux parler ne nuit de rien.

(3) Le chant mélodieux des Cygnes n'eſt fondé que ſur une Tradition poëtique, dont la vérité n'a jamais été bien confirmée par l'événement. Je n'ai jamais entendu chanter le Cygne : ni perſonne, peut-être, non plus que moi, dit ÆLIEN dans ſes *Collections Hiſtoriques*, Liv. I. ch. 14.

FABLE XIII.

Les Loups & les Brebis.

APrès mille ans & plus de guerre déclarée,
Les Loups firent la paix avecque les Brebis.
C'étoit apparemment le bien des deux partis :
Car si les Loups mangeoient mainte bête égarée,
Les Bergers, de leur peau, se faisoient maints habits.
Jamais de liberté, ni pour les pâturages,
　　　　Ni d'autre part pour les carnages.
Ils ne pouvoient jouir qu'en tremblant de leurs biens.
La paix se conclut donc : on donne des ôtages,
Les Loups leurs Louveteaux, & les Brebis leurs
　　Chiens.
L'échange en étant fait aux formes ordinaires,
　　　　Et reglé par des Commissaires,

Au bout de quelque temps que Meſſieurs les Louvats
Se virent Loups parfaits, & friands de tuerie,
Ils vous prennent le temps que dans la Bergerie
        Meſſieurs les Bergers n'étoient pas,
Etranglent la moitié des Agneaux les plus gras,
Les emportent aux dents, dans les bois ſe retirent.
Ils avoient averti leurs gens ſecrettement.
Les Chiens, qui ſur leur foi, repoſoient ſûrement,
        Furent étranglés en dormant.
Cela fut ſi-tôt fait qu'à peine ils le ſentirent.
Tout fut mis en morceaux, un ſeul n'en échappa.

        Nous pouvons conclure de là
Qu'il faut faire aux méchans guerre continuelle.
        La paix eſt fort bonne de ſoi,
        J'en conviens : mais de quoi ſert-elle
        Avec des ennemis ſans foi ?

FABLE XIV.

Le Lion devenu vieux.

LE Lion, terreur des forêts,
Chargé d'ans, & pleurant son antique prouesse,
Fut enfin attaqué par ses propres Sujets,
        Devenus forts par sa foiblesse.
Le Cheval s'approchant lui donne un coup de piéd;
Le Loup un coup de dent, le Bœuf un coup de corne.
Le malheureux Lion languissant, triste & morne,
Peut à peine rugir, par l'âge estropié.
Il attend son destin sans faire aucunes plaintes,
Quand voyant l'Ane même à son antre accourir,
Ah! C'est trop, lui dit-il, je voulois bien mourir,
Mais c'est mourir deux fois que souffrir tes atteintes.

FABLE XV.

Philomele & Progné.

A Utrefois (*a*) Progné l'Hirondelle
De sa demeure s'écarta ;
Et loin des villes s'emporta
Dans un bois où chantoit la pauvre (*b*) Philoméle.
Ma sœur, lui dit Progné, comment vous portez-vous ?
Voici tantôt mille ans que l'on ne vous a vûe :
Je ne me souviens point que vous soyez venue
Depuis le temps de Thrace habiter parmi nous.
Dites-moi, que pensez-vous faire ?
Ne quitterez-vous point ce séjour solitaire ?

(*a*) Fille de Pandion, femme de Terée, changée en Hirondelle.

(*b*) Sœur de Progné, qui ayant été violée par Terée, Roi de Thrace, fut changée en Rossignol.

L iiij

Ah! reprit Philoméle, en est-il de plus doux?
Progné lui repartit : Et quoi, cette musique
     Pour ne chanter qu'aux animaux,
     Tout au plus à quelque rustique?
Le désert est-il fait pour des talens si beaux?
Venez faire aux cités éclater leurs merveilles.
     Aussi-bien, en voyant les bois,
Sans cesse il vous souvient que Terée autrefois
     Parmi des demeures pareilles
Exerça sa fureur sur vos divins appas.
Et c'est le souvenir d'un si cruel outrage,
Qui fait, reprit sa sœur, que je ne vous suis pas :
     En voyant les hommes, hélas!
     Il m'en souvient bien davantage.

FABLE XVI.

La Femme noyée.

JE ne fuis pas de ceux qui difent : Ce n'eft rien,
    C'eft une femme qui fe noie.
Je dis que c'eft beaucoup ; & ce fexe vaut bien
Que nous le regrettions puifqu'il fait notre joie.
Ce que j'avance ici n'eft pas hors de propos,
    Puifqu'il s'agit dans cette Fable
    D'une femme qui dans les flots
Avoit fini fes jours par un fort déplorable.
    Son époux en cherchoit le corps
    Pour lui rendre en cette aventure
    Les honneurs de la fépulture.
    Il arriva que fur les bords
    Du fleuve, auteur de fa difgrace,

Des gens se promenoient ignorans l'accident.
 Ce mari donc leur demandant
S'ils n'avoient de sa femme apperçu nulle trace.
Nulle, reprit l'un d'eux, mais cherchez-la plus bas,
 Suivez le fil de la riviere.
Un autre repartit : Non, ne le suivez pas,
 Rebroussez plûtôt en arriere.
Quelle que soit la pente & l'inclination
  Dont l'eau par sa course l'emporte,
  L'esprit de contradiction
  L'aura fait flotter d'autre sorte.
Cet homme se railloit assez hors de saison.
  Quant à l'humeur contredisante,
  Je ne sai s'il avoit raison ;
  Mais que cette humeur soit, ou non,
  Le défaut du sexe & sa pente,
  Quiconque avec elle naîtra,
  Sans faute avec elle mourra,
  Et jusqu'au bout contredira,
  Et, s'il peut, encor par de-là.

FABLE XVII.

La Belette entrée dans un Grenier.

DAmoiselle Belette au corps long & fluet,
Entra dans un Grenier par un trou fort étroit:
    Elle sortoit de maladie.
    Là, vivant à discrétion,
    La galande fit chére (1) lie,
    Mangea, rongea : Dieu sçait la vie,
Et le lard qui périt en cette occasion.

(1) Grand' chere. *Chere lie*, qu'on trouve souvent dans Rabelais, signifie proprement chere *joyeuse*. Le mot *Lie* qui vient de *lætus*, n'est guére plus entendu dans ce sens-là, quoique *liesse* qui en a été formé, ne soit encore ni barbare, ni tout-à-fait hors d'usage, témoin *Notre-Dame ce Liesse*, & ce vers de la Fontaine, qui est entendu de tout le monde :

Aux nôces d'un Tyran tout le peuple en liesse.
         Fable XI. Liv. 6.

La voilà, pour conclusion,
        Graffe, maflue & rebondie.
Au bout de la femaine, ayant dîné fon fou,
Elle entend quelque bruit, veut fortir par le trou,
Ne peut plus repaffer; & croit s'être méprife.
        Après avoir fait quelques tours,
C'eft, dit-elle, l'endroit, me voilà bien furprife:
J'ai paffé par ici depuis cinq ou fix jours.
        Un Rat qui la voyoit en peine,
Lui dit: Vous aviez lors la panfe un peu moins pleine,
Vous étes maigre entrée, il faut maigre fortir:
Ce que je vous dis-là, l'on le dit à bien d'autres.
Mais ne confondons point, par trop approfondir,
        Leurs affaires avec les vôtres.

FABLE XVIII.

Le Chat & un vieux Rat.

J'Ai lû, chez un conteur de Fables,
Qu'un second Rodilard, l'Alexandre des Chats,
L'Attila, (1) le fléau des Rats,
Rendoit ces derniers misérables.
J'ai lû, dis-je, en certain Auteur,
Que ce Chat exterminateur,
Vrai Cerbere, étoit craint une lieue à la ronde :
Il vouloit de Souris dépeupler tout le monde.
Les planches qu'on suspend sur un léger appui,
La Mort aux Rats, les Souriciéres,
N'étoient que jeux au prix de lui.

(1) Attila, Roi des Gots, qu'on nomma le fléau du genre humain.

Comme il voit que dans leurs taniéres
Les Souris étoient prifonniéres,
Qu'elles n'ofoient fortir, qu'il avoit beau chercher,
Le galant fait le mort ; & du haut d'un plancher
Se pend la tête en bas. La bête fcélérate
A de certains cordons fe tenoit par la patte.
Le peuple des Souris croit que c'eft châtiment,
Qu'il a fait un larcin de rôt ou de fromage,
Egratigné quelqu'un , caufé quelque dommage ;
Enfin, qu'on a pendu le mauvais garnement.
          Toutes, dis-je, unanimement
Se promettent de rire à fon enterrement,
Mettent le nez à l'air , montrent un peu la tête,
          Puis rentrent dans leurs nids à Rats,
          Puis reffortant font quatre pas,
          Puis enfin fe mettent en quête.
          Mais voici bien une autre fête.
Le pendu reffufcite ; & fur fes piéds tombant,
          Attrape les plus pareffeufes.
Nous en favons plus d'un , dit-il en les gobant :
C'eft tour de vieille guerre ; & vos cavernes creufes
Ne vous fauveront pas , je vous en avertis :
          Vous viendrez toutes au logis.
Il prophétifoit vrai , notre maître Mitis ,
Pour la feconde fois les trompe & les affine ,
          Blanchit fa robe & s'enfarine ;
          Et , de la forte déguifé ,
Se niche & fe blotit dans une huche ouverte :
          Ce fut à lui bien avifé.
La gent trotte-menu s'en vient chercher fa perte.
Un Rat , fans plus , s'abftient d'aller flairer autour,

C'étoit un vieux routier, il favoit plus d'un tour :
Même il avoit perdu fa queue à la bataille.
Ce bloc enfariné·ne me dit rien qui vaille,
S'écria-t-il de loin au Général des Chats.
Je foupçonne deffous encor quelque machine.
  Rien ne te fert d'être farine,
Car quand tu ferois fac, je n'approcherois pas.
C'étoit bien dit à lui : j'approuve fa prudence :
  Il étoit expérimenté ;
  Et favoit que la méfiance
  Eft mere de la fûreté.

Fin du troifiéme Livre.

LIVRE IV.

LIVRE QUATRIÉME.

FABLE PREMIERE.

Le Lion amoureux.

A MADEMOISELLE DE SEVIGNÉ.

SEvigné (1) de qui les attraits
Servent aux Graces de modéle,
Et qui nâquites toute belle,
A votre indifférence près :
Pourriez-vous être favorable
Aux jeux innocens d'une Fable,

(1) Fille d'esprit, qui fut ma-
riée au Comte de Grignan, &
dont la mere est immortalisée
par le génie, la vivacité, la po-

litesse & le bon sens qui regnent
dans ses Lettres imprimées après
sa mort.

Tome I.   M

Et voir, fans vous épouvanter,
Un Lion qu'amour fut domter ?
Amour eft un étrange maître.
Heureux qui peut ne le connoître
Que par récit, lui ni fes coups !
Quand on en parle devant vous,
Si la vérité vous offenfe,
La Fable au moins fe peut fouffrir.
Celle-ci prend bien l'affurance
De venir à vos piéds s'offrir,
Par zéle & par reconnoiffance.

Du temps que les Bêtes parloient,
Les Lions entre autres vouloient
Etre admis dans notre alliance.
Pourquoi non ? Puifque leur engeance
Valoit la nôtre en ce temps-là,
Ayant courage, intelligence,
Et belle hure, outre cela.
Voici comment il en alla.

Un Lion de haut parentage,
En paffant par un certain pré,
Rencontra Bergere à fon gré.
Il la demande en mariage.
Le pere auroit fort fouhaité
Quelque gendre un peu moins terrible.
La donner lui fembloit bien dur,
La refufer n'étoit pas fûr :
Même un refus eût fait poffible,
Qu'on eût vû quelque beau matin

Un mariage clandeſtin.
Car outre qu'en toute maniére
La Belle étoit pour les gens fiers,
Fille ſe coëffe volontiers
D'amoureux à longue criniére.
Le pere donc ouvertement
N'oſant renvoyer notre amant,
Lui dit : Ma fille eſt délicate :
Vos griffes la pourront bleſſer
Quand vous voudrez la careſſer.
Permettez donc qu'à chaque patte
On vous les rogne ; & pour les dents,
Qu'on vous les lime en même temps :
Vos baiſers en feront moins rudes ;
Et pour vous plus délicieux,
Car ma fille y répondra mieux
Etant ſans ces inquiétudes.
Le Lion conſent à cela,
Tant ſon ame étoit aveuglée.
Sans dents ni griffes le voilà
Comme Place démantelée.
On lâcha ſur lui quelques Chiens :
Il fit fort peu de réſiſtance.

Amour, amour, quand tu nous tiens,
On peut bien dire : Adieu prudence.

FABLE II.

Le Berger & la Mer.

DU rapport d'un troupeau dont il vivoit sans soins
Se contenta long-temps un voisin (a) d'Amphitrite.
  Si sa fortune étoit petite,
  Elle étoit sûre tout au moins.
A la fin, les trésors déchargés sur la plage
Le tenterent si bien qu'il vendit son troupeau,
Trafiqua de l'argent, le mit entier sur l'eau :
  Cet argent périt par naufrage.
Son maître fut réduit à garder les Brebis,
Non plus Berger en chef comme il étoit jadis,
Quand ses propres Moutons paissoient sur le rivage.

(a) La Mer, ainsi appellée du nom de la femme de Neptune.

Celui qui s'étoit vû (*b*) Coridon ou Tirſis ,
     Fut (*c*) Pierrot & rien davantage.
Au bout de quelque temps il fit quelques profits ,
     Racheta des bêtes à laine ;
Et comme un jour (1) les Vents retenant leur haleine,
Laiſſoient paiſiblement aborder les vaiſſeaux ,
Vous voulez de l'argent , ô Meſdames les eaux ,
Dit-il , adreſſez-vous , je vous prie , à quelqu'autre :
     Ma foi , vous n'aurez pas le nôtre.

Ceci n'eſt pas un conte à plaiſir inventé.
     Je me ſers de la vérité ,
     Pour montrer par expérience ,
     Qu'un fou , quand il eſt aſſuré ,
     Vaut mieux que cinq en eſpérance ,
Qu'il faut ſe contenter de ſa condition ,
Qu'aux conſeils de la Mer & de l'Ambition
     Nous devons fermer les oreilles.
Pour un qui s'en louera , dix mille s'en plaindront.
     La Mer promet monts & merveilles :
Fiez-vous-y , les vents & les voleurs viendront.

(*b*) Maître de ſes troupeaux.

(*c*) Berger à gages ſous un maître.

(1) *Lucrece* , parlant des premiers habitans de la Terre , dit , que contens de ſe nourrir des fruits de la Térre , ils ne ſongeoient point à s'enrichir par des voyages ſur la Mer , qu'ils voyoient tantôt agitée par de violentes tempêtes , & tantôt dans une tranquillité charmante. Ce calme , ſi ſujet à changer , ne les tenta jamais de ſe fier à de ſi belles apparences.

Nec poterat quemquam placidi
    pellacia Ponti
Subdola pellicere in fraudem ri-
    dentibus aquis.
       Lucret. Lib. v.

Ces images ſi gracieuſes & ſi vives n'auroient pas convenu au ton que *La Fontaine* eſt obligé de prendre dans cette Fable ; & je n'oſerois dire qu'il les ait eûes dans l'eſprit en la compoſant.

FABLE III.

La Mouche & la Fourmi.

LA Mouche & la Fourmi conteſtoient de leur prix.
O Jupiter, dit la premiere,
Faut-il que l'amour propre aveugle les eſprits
D'une ſi terrible maniére,
Qu'un vil & rempant animal
(1) A la fille de l'Air oſe ſe dire égal ?
Je hante les Palais, je m'aſſiéds à ta table :
Si l'on t'immole un Bœuf, j'en goûte devant toi,
Pendant que celle-ci, chétive & miſérable,
Vit trois jours d'un fétu qu'elle a traîné chez ſoi.
Mais, ma mignonne, dites-moi,

(1) Madame *Dacier* étoit charmée de ce trait poëtique, comme je
le lui ai oüi dire à elle-même.

Vous campez-vous jamais fur la tête d'un Roi,
        D'un Empereur, ou d'une Belle ?
Je le fais ; & je baife un beau fein quand je veux :
        Je me joue entre des cheveux :
Je rehauffe d'un teint la blancheur naturelle ;
Et la derniere main que met à fa beauté
        Une femme allant en conquête,
C'eft un ajuftement des Mouches emprunté.
        Puis, allez-moi rompre la tête
        De vos greniers. Avez-vous dit ?
        Lui répliqua la ménagere.
Vous hantez les Palais : mais on vous y maudit.
        Et quant à goûter la premiere
        De ce qu'on fert devant les Dieux ,
        Croyez-vous qu'il en vaille mieux ?
Si vous entrez par tout, auffi font les profànes.
Sur la tête des Rois & fur celle des Anes
Vous allez vous planter : je n'en difconviens pas ;
        Et je fais que d'un prompt trépas
Cette importunité bien fouvent eft punie.
Certain ajuftement, dites-vous, rend jolie.
J'en conviens, il eft noir ainfi que vous & moi.
Je veux qu'il ait nom Mouche, eft-ce un fujet pour-
    quoi
        Vous faffiez fonner vos mérites ?
Nomme-t-on pas auffi Mouches les Parafites ?
Ceffez donc de tenir un langage fi vain :
        N'ayez plus ces hautes penfées.
        Les (*a*) Mouches de Cour font chaffées :

______

(*a*) Les importuns.

Les (*b*) Mouchars font pendus ; & vous mourrez de
    faim ,
        De froid , de langueur , de miſére ,
Quand (*c*) Phœbus régnera fur un autre hémiſphére.
Alors je jouirai du fruit de mes travaux.
        Je n'irai par monts ni par (2) vaux
        M'expoſer au vent , à la pluie :
        Je vivrai fans mélancolie :
Le foin que j'aurai pris , de foin m'éxemptera.
        Je vous enſeignerai par là
Ce que c'eſt qu'une fauſſe ou véritable gloire.
Adieu : je pers le temps : laiſſez-moi travailler.
        Ni mon grenier , ni mon armoire
        Ne ſe remplit à babiller.

(*b*) Les eſpions.

(*c*) Quand l'hiver ſera venu.

    (2) Au lieu de *vaux* , vieux
mot , on dit aujourd'hui *vallées.*
Par monts & par vaux eſt pourtant une expreſſion qui peut encore être admiſe avec grace dans
un ſtyle ſimple & familier , comme celui dont *La Fontaine* a
trouvé bon de ſe ſervir dans la
plûpart de ſes Fables.

FABLE

FABLE IV.

Le Jardinier & son Seigneur.

UN amateur du jardinage,
Demi-bourgeois, demi-manant,
Possédoit en certain village,
Un jardin assez propre, & le clos (1) attenant.
Il avoit de plan vif fermé cette étendue :
Là croissoit à plaisir l'oseille & la laitue :
De quoi faire à Margot pour sa fête un bouquet,
Peu de jasmin d'Espagne, & force serpolet.
Cette félicité par un Liévre troublée,
Fit qu'au Seigneur du bourg notre homme se plaignit.
Ce maudit animal vient prendre sa goulée
Soir & matin, dit-il ; & des piéges se rit :

(1) Tout proche.

Tome I.   N

Les pierres, les bâtons y perdent leur crédit :
Il est forcier, je crois. Sorcier ? Je l'en défie,
Repartit le Seigneur. Fut-il diable, (*a*) Miraut,
En dépit de fes tours, l'attrapera bien-tôt.
Je vous en déferai, bon homme, fur ma vie ;
Et quand ? & dès demain, fans tarder plus long-temps.
La partie ainfi faite, il vient avec fes gens.
Çà déjeûnons, dit-il, vos poulets font-ils tendres ?
La fille du logis, qu'on vous voie, approchez.
Quand la marierons-nous ? Quand aurons-nous des
　　　gendres ?
Bonhomme, c'eft ce coup qu'il faut, vous m'entendez,
　　　　Qu'il faut fouiller à (2) l'efcarcelle.
Difant ces mots, il fait connoiffance avec elle,
　　　　Auprès de lui la fait affeoir,
Prend une main, un bras, léve un coin du mouchoir :
　　　　Toutes fottifes dont la Belle
　　　　Se défend avec grand refpect,
Tant qu'au pere à la fin cela devient fufpect.
Cependant on fricaffe, on fe rue en cuifine.
De quand font vos jambons ? Ils ont fort bonne mine.
Monfieur, ils font à vous. Vraiment, dit le Seigneur,
　　　　Je les reçois, & de bon cœur.
Il déjeûne très-bien, auffi fait fa famille,
Chiens, chevaux & valets, tous gens bien endentés :
Il commande chez l'hôte, y prend des libertés,
　　　　Boit fon vin, careffe fa fille.
L'embarras des Chaffeurs fuccede au déjeûné.

(*a*) Nom d'un Chien de chaffe.
　(2) Vieux mot, pour dire une
grande bourfe. *Adonc* Frere
Jean *defcend en terre*, dit Rabelais, *mit la main à fon efcarcelle,
en tira vingt efcus au Soleil.*
Pantagruel, Liv. IV. Ch. 16.

Chacun s'anime & fe prépare :
Les Trompes & les Cors font un tel tintamarre,
Que le bon homme eſt étonné.
Le pis fut que l'on mit en piteux équipage
Le pauvre potager : adieu planches, quarreaux :
Adieu chicorée & poreaux :
Adieu dequoi mettre au potage.
Le Liévre étoit gîté deſſous un maître chou.
On le quête, on le lance, il s'enfuit par un trou,
Non pas trou, mais trouée, horrible & large plaie
Que l'on fit à la pauvre haie
Par ordre du Seigneur : car il eût été mal
Qu'on n'eût pû du jardin ſortir tout à cheval.
Le bon homme diſoit : Ce ſont-là jeux de (3) Prince:
Mais on le laiſſoit dire ; & les chiens & les gens
Firent plus de dégât en une heure de temps,
Que n'en auroient fait en cent ans
Tous les Liévres de la Province.

Petits Princes, vuidez vos débats entre vous :
De recourir aux Rois vous ſeriez de grands fous.
Il ne les faut jamais engager dans vos guerres,
Ni les faire entrer ſur vos terres.

(3) Qui ne plaiſent, *dit le Proverbe*, qu'à ceux qui les font.

FABLE V.

L'Ane & le petit Chien.

NE forçons point notre talent :
Nous ne ferions rien avec grace.
Jamais un lourdaut, quoi qu'il fasse,
Ne sauroit passer pour galant.
Peu de gens que le Ciel chérit & gratifie,
Ont le don d'agréer infus avec la vie.
C'est un point qu'il leur faut laisser ;
Et ne pas ressembler à l'Ane de la Fable,
Qui pour se rendre plus aimable
Et plus cher à son Maître, alla le caresser.
Comment, disoit-il en son ame,
Ce Chien, parce qu'il est mignon,
Vivra de pair à compagnon

Avec Monſieur, avec Madame;
Et j'aurai des coups de bâton?
Que fait-il? Il donne la patte,
Puis auſſi-tôt il eſt baiſé:
S'il en faut faire autant afin que l'on me flatte,
Cela n'eſt pas bien mal-aiſé.
Dans cette admirable penſée,
Voyant ſon Maître en joie, il s'en vient lourdement,
Léve une corne toute uſée,
La lui porte au menton fort amoureuſement,
Non ſans accompagner, pour plus grand ornement,
De ſon chant gracieux cette action hardie.
Oh, oh! Quelle careſſe, & quelle mélodie!
Dit le Maître auſſi-tôt. Holà, (1) Martin-bâton.
Martin-bâton accourt, l'Ane change de ton.
Ainſi finit la comédie.

(1) Un valet armé d'un gros bâton. Ici *Martin-bâton* ne peut guére ſignifier autre choſe: mais, ſi je ne me trompe, il doit ſe prendre pour le bâton même dans cet endroit de Rabelais où il fait dire à Panurge, *je battrai ma femme en Tigre ſi elle me fâche. Martin-baſton,* ajoûte-t-il, *en fera l'office. En faute de baſton, le Diable me mange, ſi je ne la mangeois toute vive,* &c. *Pantagruel,* Liv. III. ch. 12.

FABLE VI.

Le combat des Rats & des Belettes.

L A nation des Belettes,
Non plus que celle des Chats,
Ne veut aucun bien aux Rats :
Et fans les portes étroites
De leurs habitations ,
L'animal à longue échine
En feroit, je m'imagine,
De grandes deftructions.
Or une certaine année
Qu'il en étoit à foifon,
Leur Roi, nommé Ratapon,
Mit en campagne une armée.
Les Belettes, de leur part,

Déployerent l'étendard.
Si l'on croit la Renommée,
La victoire balança.
Plus d'un guéret s'engraiſſa
Du ſang de plus d'une bande.
Mais la perte la plus grande
Tomba preſque en tous endroits
Sur le peuple Souriquois.
Sa déroute fut entiere :
Quoi que pût faire (1) Artarpax,
(1) Pſicarpax, (1) Meridarpax,
Qui, tout couverts de pouſſiére,
Soutinrent aſſez long-temps
Les efforts des combattans,
Leur réſiſtance fut vaine.
Il fallut céder au ſort :
Chacun s'enfuit au plus fort,
Tant ſoldat, que capitaine.
Les Princes périrent tous.
La racaille dans des trous
Trouvant ſa retraite prête,
Se ſauva ſans grand travail.
Mais les Seigneurs ſur leur tête
Ayant chacun un plumail,
Des cornes ou des aigrettes,
Soit comme marques d'honneur,
Soit afin que les Belettes
En conçuſſent plus de peur,

(1) Noms de Rats, plaiſam- | qui entendent aſſez de Grec pour
ment inventés par Homere dans | découvrir la vraie ſignification
ſa *Batrachomyomachie*, dequoi | de ces noms-là.
tomberont d'accord tous ceux |

Cela caufa leur malheur.
Trou, ni fente, ni crevaffe
Ne fut large affez pour eux :
Au lieu que la populace
Entroit dans les moindres creux.
La principale jonchée
Fut donc des principaux Rats.

Une tête empanachée
N'eft pas petit embarras.
Le trop fuperbe équipage
Peut fouvent en un paffage
Caufer du retardement.
Les petits en toute affaire
Efquivent fort aifément :
Les grands ne le peuvent faire.

FABLE VII.

Le Singe & le Dauphin.

C'Etoit chez les Grecs un usage
Que sur la mer tous voyageurs
Menoient avec eux en voyage
Singes & Chiens de bâteleurs.
Un navire en cet équipage
Non loin d'Athenes fit naufrage.
Sans les Dauphins tout eût péri.
Cet animal est fort ami
De notre espece : En son histoire
Pline le dit, il le faut croire.
Il sauva donc tout ce qu'il put.
Même un Singe en cette occurrence,
Profitant de la ressemblance,

Lui pensa devoir son salut.
Un Dauphin le prit pour un homme,
Et sur son dos le fit asseoir
Si gravement qu'on eût crû voir
Ce (1) chanteur que tant on renomme.
Le Dauphin l'alloit mettre à bord,
Quand, par hazard il lui demande :
Etes-vous d'Athenes la grande ?
Oui, dit l'autre, on m'y connoît fort :
S'il vous y survient quelque affaire,
Employez-moi, car mes parens
Y tiennent tous les premiers rangs :
Un mien cousin est Juge-Maire.
Le Dauphin dit bien grand merci ;
Et le (2) Pirée a part aussi
A l'honneur de votre présence ?
Vous le voyez souvent, je pense ?
Tous les jours : il est mon ami,
C'est une vieille connoissance.
Notre Magot prit pour ce coup
Le nom d'un port pour un nom d'homme.

De telles gens il est beaucoup,
Qui prendroient (3) Vaugirard pour (4) Rome ;
Et qui, caquetans au plus dru,
Parlent de tout, & n'ont rien vû.

Le Dauphin rit, tourne la tête ;

(1) C'est Arion, sauvé d'un naufrage par un Dauphin. Sur ce Fait merveilleux, voyez *Herodote*, Liv. I.

(2) Fameux Port d'Athenes.

(3) Village près de Paris.

(4) La Capitale de l'Etat Ecclesiastique, & la plus grande ville d'Italie.

Et le magot consideré,
Il s'apperçoit qu'il n'a tiré
Du fond des eaux rien qu'une bête.
Il l'y replonge ; & va trouver
Quelque homme afin de le sauver.

FABLE VIII.

L'Homme & l'Idole de bois.

CErtain Payen chez lui gardoit un Dieu de bois,
De ces Dieux qui sont sourds, bien qu'ayant des
   oreilles.
Le Payen cependant s'en promettoit merveilles.
    Il lui coûtoit autant que trois.
    Ce n'étoit que vœux & qu'offrandes,
Sacrifices de Bœufs couronnés de guirlandes.
    Jamais Idole, quel qu'il fût,
    N'avoit eu cuisine si grasse,
Sans que pour tout ce culte à son hôte il échût
Succession, trésor, gain au jeu, nulle grace.
Bien plus, si pour un sol d'orage en quelque endroit
    S'amassoit d'une ou d'autre sorte,

L'homme en avoit fa part, & fa bourfe en fouffroit.
La pitance du Dieu n'en étoit pas moins forte.
A la fin fe fachant de n'en obtenir rien ,
Il vous prend un lévier , met en piéce l'Idole ,
Le trouve rempli d'or. Quand je t'ai fait du bien ,
M'as-tu valu , dit-il , feulement une obole ?
Va , fors de mon logis , cherche d'autres autels.
   Tu reffembles aux naturels
   Malheureux , groffiers & ftupides :
On n'en peut rien tirer qu'avecque le bâton.
Plus je te rempliffois , plus mes mains étoient vuides :
   J'ai bien fait de changer de ton.

FABLE IX.

Le Geai paré des plumes du Paon.

UN Paon muoit : un Geai prit son plumage :
    Puis après se l'accommoda :
Puis, parmi d'autres Paons tout fier se panada,
    Croyant être un beau personnage.
Quelqu'un le reconnut : il se vit bafoué,
    Berné, sifflé, moqué, joué ;
Et, par Messieurs les Paons, plumé d'étrange sorte :
Même vers ses pareils s'étant réfugié,
    Il fut par eux mis à la porte.

Il est assez de Geais à deux piéds comme lui,
Qui se parent souvent des dépouilles d'autrui,

Et que l'on nomme Plagiaires.
Je m'en tais ; & ne veux leur causer nul ennui :
Ce ne sont pas là mes affaires.

FABLE X.

Le Chameau & les Bâtons flottans.

LE premier qui vit un (1) Chameau,
S'enfuit à cet objet nouveau.
Le second approcha : le troisiéme ofa faire
Un licou pour le (2) Dromadaire.
L'accoûtumance ainfi nous rend tout familier.
Ce qui nous paroiffoit terrible & fingulier,
S'apprivoife avec notre vûe,
Quand ce vient à la continue.
Et, puifque nous voici tombés fur ce fujet,
On avoit mis des gens au guet,

(1) Animal propre à porter de gros fardeaux.
(2) Autre nom de Chameau. C'eft proprement une efpece de Chameaux qui vont d'un pas plus léger, & plus vîte que les autres.

Qui

Qui voyant sur les eaux de loin certain objet,
    Ne purent s'empêcher de dire,
    Que c'étoit un puissant navire.
Quelques momens après, l'objet devint brûlot,
    Et puis nacelle, & puis balot,
    Enfin bâtons flottans sur l'onde.

    J'en sais beaucoup de par le monde,
    A qui ceci conviendroit bien :
De loin c'est quelque chose, & de près ce n'est rien.

FABLE XI.

La Grenouille & le Rat.

TEl, comme dit (1) Merlin, (2) cuide engeigner
   autrui,
      Qui souvent s'engeigne soi-même.
J'ai regret que ce mot soit trop vieux aujourd'hui?
Il m'a toujours semblé d'une énergie extrême.

---

(1) Qui, distingué en son temps, ou par son habileté, ou par la subtilité de son esprit, passoit communément pour sorcier. C'est un fameux enchanteur dans l'*Orlando furioso* d'Ariofte. Merlin, prétendu Magicien, étoit Anglois. Il vivoit vers la fin du cinquiéme siécle. Si vous voulez en savoir davantage, voyez *le Dictionnaire de*

Moréri.

(2) Pense duper, tromper; *Cuide engeigner* sont deux mots à présent surannés & tout-à-fait hors d'usage. *Cuider* se trouve encore dans Amyot. Pour *engeigner* ou *engigner*, comme l'écrit Ménage dans son *Dictionnaire Etymologique*, il vient, selon ce savant Etymologiste, d'*ingannare*, tromper.

Mais afin d'en venir au deffein que j'ai pris :
Un Rat plein d'embonpoint, gras, & des mieux
   nourris,
Et qui ne connoiffoit l'Avent ni le Carême,
Sur le bord d'un marais égayoit fes efprits.
Une Grenouille approche, & lui dit en fa langue :
Venez me voir chez moi, je vous ferai feftin.
     Meffire Rat promit foudain :
Il n'étoit pas befoin de plus longue harangue.
Elle allégua pourtant les délices du bain,
La curiofité, le plaifir du voyage,
Cent raretés à voir le long du marécage :
Un jour il conteroit à fes petits enfans
Les beautés de ces lieux, les mœurs des habitans,
Et le gouvernement de la chofe publique
     Aquatique.
Un point fans plus tenoit le galant empêché.
Il nageoit quelque peu, mais il faloit de l'aide.
La Grenouille à cela trouve un très-bon reméde.
Le Rat fut à fon piéd par la patte attaché.
     Un brin de jonc en fit l'affaire.
Dans le marais entrés, notre bonne commere
S'efforce de tirer fon hôte au fond de l'eau,
Contre le droit des gens, contre la foi jurée,
Prétend qu'elle en fera gorge chaude & curée :
(C'étoit, à fon avis, un excellent morceau)
Déjà dans fon efprit la galande le croque.
Il attefte les Dieux : la perfide s'en moque.
Il réfifte : elle tire. En ce combat nouveau,
Un Milan qui dans l'air planoit, faifoit la ronde,
Voit d'en-haut le pauvret fe débattant fur l'onde.
          O ij

Il fond deſſus, l'enléve, & par même moyen
La Grenouille & le lien.
Tout en fut, tant & ſi bien
Que de cette double proie
L'oiſeau ſe donne au cœur joie,
Ayant, de cette façon,
A ſouper chair & poiſſon.

La ruſe la mieux ourdie
Peut nuire à ſon inventeur ;
Et ſouvent la perfidie
Retourne ſur ſon auteur.

FABLE XII.

Tribut envoyé par les Animaux à Alexandre.

UNe Fable avoit cours parmi l'Antiquité;
   Et la raison ne m'en est pas connue.
Que le lecteur en tire une moralité :
   Voici la Fable toute nue.

   La Renommée ayant dit en cent lieux
Qu'un fils de Jupiter, un certain Alexandre,
Ne voulant rien laisser de libre sous les cieux,
   Commandoit que, sans plus attendre,
   Tout peuple à ses piéds s'allât rendre,
Quadrupédes, Humains, Elephans, Vermisseaux,
   Les Républiques des Oiseaux,
   La Déesse aux cent bouches, dis-je,

Ayant mis par tout la terreur
En publiant l'Edit du nouvel Empereur,
Les Animaux, & toute espece (1) lige
De son seul appétit, crurent que cette fois
Il falloit subir d'autres loix.
On s'assemble au désert. Tous quittent leur tanniére:
Après divers avis, on résout, on conclut,
D'envoyer hommage & tribut.
Pour l'hommage & pour la maniére
Le Singe en fut chargé : l'on lui mit par écrit
Ce que l'on vouloit qui fût dit.
Le seul tribut les tint en peine.
Car que donner ? Il falloit de l'argent.
On en prit d'un Prince obligeant,
Qui possédant dans son domaine
Des mines d'or, fournit ce qu'on voulut.
Comme il fut question de porter ce tribut,
Le Mulet & l'Ane s'offrirent,
Assistés du Cheval, ainsi que du Chameau.
Tous quatre en chemin ils se mirent
Avec le Singe Ambassadeur nouveau.
La Caravanne enfin rencontre en un passage
Monseigneur le Lion. Cela ne leur plut point.
Nous nous rencontrons tout à point,
Dit-il, & nous voici compagnons de voyage.
J'allois offrir mon fait à part,
Mais bien qu'il soit léger, tout fardeau m'embarrasse,
Obligez-moi de me faire la grace

(1) Asservie à son seul appétit. C'est le plus haut point de
liberté où puissent parvenir les
animaux. Et l'homme est lige
d'un Seigneur, lorsqu'il dépend
de ce Seigneur à certains égards,
qu'il est son vassal.

Que d'en porter chacun un quart.
Ce ne vous fera pas une charge trop grande ;
Et j'en ferai plus libre, & bien plus en état,
En cas que les voleurs attaquent notre bande ,
     Et que l'on en vienne au combat.
Econduire un Lion rarement se pratique.
Le voilà donc admis, soulagé, bien reçu ;
Et, malgré le (2) Héros de Jupiter issu,
Faisant chére & vivant sur la bourse publique,
     Ils arriverent dans un pré
Tout bordé de ruisseaux, de fleurs tout diapré ,
     Où maint Mouton cherchoit sa vie ,
     Séjour du frais, véritable patrie
Des Zéphirs. Le Lion n'y fut pas, qu'à ces gens
     Il se plaignit d'être malade.
     Continuez votre ambassade,
Dit-il, je sens un feu qui me brûle au dedans,
Et veux chercher ici quelque herbe salutaire.
     Pour vous, ne perdez point de temps :
Rendez-moi mon argent, j'en puis avoir affaire.
On débale ; & d'abord le Lion s'écria
     D'un ton qui témoignoit sa joie :
Que de filles, ó Dieux, mes piéces de monnoie
Ont produites ! Voyez : la plûpart sont déjà
     Aussi grandes que leurs meres.
Le croît m'en appartient. Il prit tout là-dessus ,
Ou bien, s'il ne prit tout, il n'en demeura guéres.
     Le Singe & les Sommiers confus ,
Sans oser repliquer, en chemin se remirent.
Au fils de Jupiter on dit qu'ils se plaignirent ,

____

(2) Alexandre, qui se disoit fils de Jupiter.

Et n'en eurent point de raiſon.
Qu'eût-il fait ? C'eût été Lion contre Lion :
Et le proverbe dit : (3) *Corſaires à Corſaires*
L'un l'autre s'attaquant ne font pas leurs affaires.

(3) Eſpece de Proverbe, que La Fontaine a pris mot pour mot de
Regnier : Satire X I I. à la fin.

FABLE

FABLE XIII.

Le Cheval s'étant voulu venger du Cerf.

DE tout temps les Chevaux ne font nés pour les
hommes.
Lorfque le genre humain de gland fe contentoit,
Ane, Cheval & Mule aux forêts habitoit :
Et l'on ne voyoit point, comme au fiécle où nous
fommes,

  Tant de felles & tant de bats,
  Tant de harnois pour les combats,
  Tant de chaifes, tant de carroffes,
  Comme auffi ne voyoit-on pas
  Tant de feftins & tant de nôces.
Or un Cheval eut alors differend
  Avec un Cerf plein de vîteffe,

Tome I.   P

Et ne pouvant l'attraper en courant,
Il eut recours à l'homme, implora fon adreſſe.
L'Homme lui mit un frein, lui ſauta ſur le dos,
Ne lui donna point de repos
Que le Cerf ne fût pris, & n'y laiſſât la vie.
Et cela fait, le Cheval remercie
L'Homme ſon bienfaiteur, diſant : Je ſuis à vous.
Adieu. Je m'en retourne en mon ſéjour ſauvage.
Non pas cela, dit l'Homme, il fait meilleur chez nous :
Je vois trop quel eſt votre uſage.
Demeurez donc, vous ſerez bien traité,
Et juſqu'au ventre en la litiére.
Hélas ! Que ſert la bonne chére,
Quand on n'a pas la liberté ?
Le Cheval s'apperçut qu'il avoit fait folie :
Mais il n'étoit plus temps : déjà ſon écurie
Etoit prête & toute bâtie.
Il y mourut en traînant ſon lien :
Sage s'il eût remis une légere offenſe.

Quel que ſoit le plaiſir que cauſe la vengeance,
C'eſt l'acheter trop cher, que l'acheter (1) d'un bien

(1) La liberté, *préferable aux métaux les plus précieux*, dit Horace en appliquant la Fable du Cheval à toute perſonne, qui, pour vivre plus commodément, devient eſclave d'un Grand, qui l'ayant admis chez lui & à ſa table, le rend inſenſiblement le jouet de ſes humeurs, & de ſes plus bizarres fantaiſies. Pour La Fontaine, comme il n'a pas trouvé à propos de ſortir ouvertement de ſon ſujet, il ne pouvoit peindre la liberté qu'en termes généraux, ce qu'il a fait d'une maniere fort délicate, mais peut-être moins propre à toucher & inſtruire tous ſes lecteurs, que l'idée qu'en donne Horace, d'où je ne vois pourtant pas qu'on puiſſe rien conclure en faveur d'Horace au déſavantage de La Fontaine, qui n'auroit pû

Sans qui les autres ne font rien.

s'écarter ici de fon fujet, comme a fait Horace, fans nous faire perdre une fage inftruction, di- rectement fondée fur cette Fable.

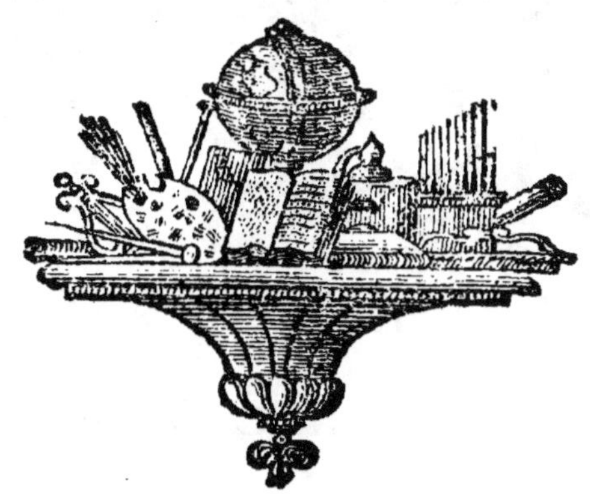

FABLE XIV.

Le Renard & le Buste.

LEs Grands, pour la plûpart, font mafques de
    théatre :
Leur apparence impofe au vulgaire idolâtre.
L'Ane n'en fait juger que par ce qu'il en voit.
Le Renard au contraire à fond les examine,
Les tourne de tout fens ; & quand il s'apperçoit
    Que leur fait n'eft que bonne mine,
Il leur applique un mot qu'un (1) Bufte de Héros
    Lui fit dire fort à propos.
C'étoit un Bufte creux, & plus grand que nature.
Le Renard en louant l'effort de la Sculpture,

(1) Figure d'une perfonne à demi corps, en plein relief.

Belle tête , dit-il , mais de cervelle point.

Combien de grands Seigneurs font Buſtes en ce
point !

FABLE XV.

Le Loup, la Chévre & le Chévreau.

L A Bique allant remplir sa traînante mamelle,
  Et paître l'herbe nouvelle,
  Ferma sa porte au loquet,
  Non sans dire à son Biquet :
  Gardez-vous, sur votre vie,
  D'ouvrir que l'on ne vous die
  Pour enseigne & mot du guet,
  Foin du Loup & de sa race.
  Comme elle disoit ces mots,
  Le Loup de fortune passe :
  Il les recueille à propos,
  Et les garde en sa mémoire.
  La Bique, comme on peut croire,

N'avoit pas vû le glouton.
Dès qu'il la voit partie, il contrefait son ton,
Et d'une voix (*a*) papelarde
Il demande qu'on ouvre, en disant, foin du Loup,
Et croyant entrer tout d'un coup.
Le Biquet soupçonneux, par la fente regarde.
Montrez-moi patte blanche, ou je n'ouvriraipoint,
S'écria-t-il d'abord. (Patte blanche est un point
Chez les Loups, comme on sait, rarement en usage)
Celui-ci fort surpris d'entendre ce langage,
Comme il étoit venu s'en retourna chez soi.
Où seroit le Biquet s'il eût ajoûté foi
Au mot du guet que de fortune
Notre Loup avoit entendu ?

Deux sûretés valent mieux qu'une ;
Et le trop en cela ne fut jamais perdu.

(*a*) Douce & contrefaite.

FABLE XVI.

Le Loup, la Mere & l'Enfant.

CE Loup me remet en mémoire
Un de ses compagnons qui fut encor mieux pris.
 Il y périt : voici l'Histoire.

Un Villageois avoit à l'écart son logis :
Messer Loup attendoit (1) chape-chute à la porte.
Il avoit vû sortir gibier de toute sorte,
 Veaux de lait, Agneaux & Brebis,
Régiment de Dindons, enfin bonne Provende.
Le larron commençoit pourtant à s'ennuyer.

(1) Quelque bonne aventure. *Si vous voulez savoir ce qui a donné lieu à cette expression, voyez le Dictionnaire de Trévoux, au* mot *Chapechute.* J'avois fait sur ce mot une note, qui m'a paru trop longue pour être mise ici.

Il entend un enfant crier.
La mere auſſi-tôt le gourmande,
Le menace, s'il ne ſe taît,
De le donner au Loup. L'animal ſe tient prêt,
Remerciant les Dieux d'une telle aventure,
Quand la mere appaiſant ſa chere géniture,
Lui dit : Ne criez point : s'il vient, nous le tuerons.
Qu'eſt-ceci ? s'écria le mangeur de Moutons.
Dire d'un, puis d'un autre ? Eſt-ce ainſi que l'on traite
Les gens faits comme moi ? Me prend-on pour un ſot ?
　　Que quelque jour ce beau marmot
　　Vienne au bois cueillir la noiſette.
Comme il diſoit ces mots, on ſort de la maiſon :
Un Chien de cour l'arrête : épieux & fourches fiéres
　　L'ajuſtent de toutes maniéres.
Que veniez-vous chercher en ce lieu ? lui dit-on.
　　Auſſi-tôt il conta l'affaire.
　　Merci de moi, lui dit la mere,
Tu mangeras mon fils ? L'ai-je fait à deſſein
　　Qu'il aſſouviſſe un jour ta faim ?
　　On aſſomme la pauvre bête.
Un manant lui coupa le piéd droit & la tête :
Le Seigneur du village à ſa porte les mit,
Et ce dicton Picard à l'entour fut écrit.

　　Biaux chires Leups n'écoutez mie
　　Mere tenchent chen fieux qui crie.

FABLE XVII.

Parole de Socrate.

SOcrate (1) un jour faisant bâtir,
Chacun censuroit son ouvrage.
L'un trouvoit les dedans, pour ne lui point mentir,
Indignes d'un tel personnage.
L'autre blâmoit la face ; & tous étoient d'avis
Que les appartemens en étoient trop petits.
Quelle maison pour lui ! L'on y tournoit à peine.
Plût au Ciel que de vrais amis,
Telle qu'elle est, dit-il, elle pût être pleine.

(1) Philosophe Grec, dont la sagesse & la vertu ne peuvent être assez admirées de quiconque prendra la peine d'étudier son caractere.

Le bon Socrate avoit raison
De trouver pour ceux-là trop grande sa maison.
Chacun se dit ami, mais fou qui s'y repose.
    Rien n'est plus commun que ce nom,
    Rien n'est plus rare que la chose.

FABLE XVIII.

Le Vieillard & ſes Enfans.

TOute puiſſance eſt foible à moins que d'être unie.
Ecoutez là-deſſus l'Eſclave de Phrygie.
Si j'ajoûte du mien à ſon invention,
C'eſt pour peindre nos mœurs, & non point par envie:
Je ſuis trop au-deſſous de cette ambition.
Phédre enchérit ſouvent par un motif de gloire:
Pour moi, de tels penſers me ſeroient mal-ſéans.
Mais venons à la Fable, ou plûtôt à l'Hiſtoire
De celui qui tâcha d'unir tous ſes enfans.

Un vieillard prêt d'aller où la mort l'appelloit,
Mes chers enfans, dit-il (à ſes fils il parloit)
Voyez ſi vous romprez ces dards liés enſemble:

Je vous expliquerai le nœud qui les affemble.
L'aîné les ayant pris, & fait tous fes efforts,
Les rendit en difant : (1) Je le donne aux plus forts.
Un fecond lui fuccéde, & fe met en pofture,
Mais en vain. Un cadet tente auffi l'aventure.
Tous perdirent leur temps, le faifceau réfifta :
De ces dards joints enfemble un feul ne s'éclata.
Foibles gens ! dit le pere, il faut que je vous montre
Ce que ma force peut en femblable rencontre.
On crut qu'il fe moquoit, on fourit, mais à tort.
Il fépare les dards, & les rompt fans effort.
Vous voyez, reprit-il, l'effet de la concorde.
Soyez joints, mes enfans, que l'amour vous accorde.
Tant que dura fon mal, il n'eut autre difcours.
Enfin fe fentant près de terminer fes jours :
Mes chers enfans, dit-il, je vais où font nos peres :
Adieu, promettez-moi de vivre comme freres ;
Que j'obtienne de vous cette grace en mourant.
Chacun de fes trois fils l'en affure en pleurant.
Il prend à tous les mains : il meurt ; & les trois freres
Trouvent un bien fort grand, mais fort mêlé d'affaires.
Un créancier faifit, un voifin fait procès :
D'abord notre Trio s'en tire avec fuccès.

---

(1) *Je défie les plus forts d'en venir à bout, c'eft-à-dire, de rompre ces dards joints enfemble.* Dans la plûpart des Editions des Fables de la Fontaine, au lieu de, *Je le donne aux plus forts,* on trouve, *Je les donne aux plus forts :* faute groffiere, qui a été corrigée par La Fontaine lui-même, dans une Edition de Pa-ris, publiée en 1678. La même faute a reparu depuis, dans plufieurs autres Editions, par la négligence ou l'ignorance des Correcteurs : mais on peut compter préfentement, que cette Note, munie de l'autorité de la Fontaine, la fera difparoître pour toujours.

Leur amitié fut courte autant qu'elle étoit rare.
Le fang les avoit joints, l'intérêt les fépare.
L'ambition, l'envie, avec les (2) confultans,
Dans la fucceffion entrent en même temps.
On en vient au partage, on contefte, on chicane :
Le Juge fur cent points tour à tour les condamne.
Créanciers & voifins reviennent auffi-tôt,
Ceux-là fur une erreur, ceux-ci fur un défaut.
Les freres défunis font tous d'avis contraire :
L'un veut s'accommoder, l'autre n'en veut rien faire.
Tous perdirent leur bien ; & voulurent trop tard
Profiter de ces dards unis, & pris à part.

(2) Avocats qui ne plaident plus au Bareau, mais qu'on va confulter chez eux.

FABLE XIX.

L'Oracle & l'Impie.

V Ouloir tromper le Ciel, c'est folie à la Terre,
Le (1) Dédale des cœurs en ses détours n'enferre
Rien qui ne soit d'abord éclairé par les Dieux.
Tout ce que l'homme fait, il le fait à leurs yeux,
Même les actions que dans l'ombre il croit faire.

Un Payen qui sentoit quelque peu le (2) fagot,
Et qui croyoit en Dieu, pour user de ce mot,

(1) Le Labyrinthe, que les Poëtes nomment souvent *Dédale*, dans le sens propre, & dans un sens figuré, comme ici, par allusion à *Dédale*, Architecte Athénien, qui bâtit le fameux Labyrinthe de Crete.

(2) Qui s'exposoit à être brûlé comme athée.

(3) Par bénéfice d'inventaire,
Alla confulter Apollon.
Dès qu'il fut en fon Sanctuaire,
Ce que je tiens, dit-il, eft-il en vie ou non ?
Il tenoit un Moineau, dit-on,
Prêt d'étouffer la pauvre bête,
Ou de la lâcher auffi-tôt,
Pour mettre Apollon en défaut.
Apollon reconnut ce qu'il avoit en tête.
Mort ou vif, lui dit-il, montre-nous ton moineau,
Et ne me tens plus de panneau,
Tu te trouverois mal d'un pareil ftratagême.
Je vois de loin, j'atteins de même.

(3) Qu'un homme fe trouve héritier par teftament, s'il foupçonne que l'héritage pourroit l'obliger à payer aux créanciers du défunt plus qu'il ne lui a laiffé par fon teftament, il n'accepte l'héritage que *par bénéfice d'inventaire ;* & dans ce cas, il n'eft tenu de payer des dettes du défunt que jufqu'à la concurrence des biens inventoriés. Ainfi, un homme qui croit en Dieu, fans être fort affuré de fon éxiftence, fe réferve la liberté de n'y point croire du tout. Un tel homme, dit La Fontaine, *croit en Dieu,* pour ufer de ce mot, *par bénéfice d'inventaire :* Expreffion hardie, qui n'eft pas fort claire, fi je ne me trompe.

FABLE

FABLE XX.

L'Avare qui a perdu son Trésor.

L'Usage seulement fait la possession.
Je demande à ces gens, de qui la passion
Est d'entasser toujours, mettre somme sur somme,
Quel avantage ils ont que n'ait pas un autre homme.
(1) Diogene là-bas est aussi riche qu'eux ;
Et l'Avare ici-haut, comme lui vit en gueux.
L'homme au trésor caché qu'Esope nous propose,
  Servira d'exemple à la chose.

  Ce malheureux attendoit
Pour jouir de son bien une seconde vie,
Ne possédoit pas l'or, mais l'or le possédoit.
Il avoit dans la terre une somme enfouie,

(1) Philosophe fort pauvre, mais pauvre volontaire.
 Tome I.   Q

Son cœur avec, n'ayant autre (2) déduit,
Que d'y ruminer jour & nuit,
Et rendre sa (3) chevance à lui-même sacrée.
Qu'il allât ou qu'il vint, qu'il bût ou qu'il mangeât,
On l'eût pris de bien court à moins qu'il ne songeât
A l'endroit où gisoit cette somme enterrée.
Il y fit tant de tours qu'un Fossoyeur le vit,
Se douta du dépôt, l'enleva sans rien dire.
Notre Avare un beau jour ne trouva que le nid.
Voilà mon homme aux pleurs : il gémit, il soupire,
Il se tourmente, il se déchire.
Un passant lui demande à quel sujet ses cris.
C'est mon trésor que l'on m'a pris.
Votre trésor ? Où pris ? Tout joignant cette pierre,
Eh ! Sommes-nous en temps de guerre
Pour l'apporter si loin ? N'eussiez-vous pas mieux fait
De le laisser chez vous en votre cabinet,
Que de le changer de demeure ?
Vous auriez pû sans peine y puiser à toute heure.
A toute heure, bons Dieux ! Ne tient-il qu'à cela !
L'argent vient-il comme il s'en va ?
Je n'y touchois jamais. Dites-moi donc, de grace,
Reprit l'autre, pourquoi vous vous affligez tant,
Puisque vous ne touchiez jamais à cet argent ?
Mettez une pierre à la place,
Elle vous vaudra tout autant.

---

(2) Pas de plus grand plaisir. *Déduit*, qui signifie *plaisir, divertissement*, est vieux. Quoiqu'usité encore, il l'est pourtant si peu, que je ne croi pas qu'il soit inutile de l'expliquer ici, en faveur de plusieurs Etrangers qui se plaisent à lire les Fables de la Fontaine.

(3) Son bien, son trésor. *Chevance*, qui signifioit autrefois le bien d'une personne, est présentement un vieux mot.

FABLE XXI.

L'œil du Maître.

UN Cerf s'étant sauvé dans une étable à Bœufs,
    Fut d'abord averti par eux,
    Qu'il cherchât un meilleur asyle.
Mes freres, leur dit-il, ne me décelez pas :
Je vous enseignerai les pâtis les plus gras :
Ce service vous peut quelque jour être utile ;
    Et vous n'en aurez pas regret.
Les Bœufs, à toutes fins, promirent le secret.
Il se cache en un coin, respire & prend courage.
Sur le soir on apporte herbe fraîche & fourage,
    Comme l'on faisoit tous les jours.
    L'on va, l'ont vient, les valets font cent tours,
    L'Intendant même ; & pas un d'aventure

Q ij

N'apperçut ni cor, ni ramure,
Ni Cerf enfin. L'habitant des forêts
Rend déjà grace aux Bœufs, attend dans cette étable
Que chacun retournant au travail de Cérès,
Il trouve pour fortir un moment favorable.
L'un des Bœufs ruminant, lui dit : Cela va bien ;
Mais quoi ? L'homme aux cent yeux n'a pas fait fa
  revûe :
   Je crains fort pour toi fa venue.
Jufque-là, pauvre Cerf, ne te vante de rien.
Là-deffus le Maître entre, & vient faire fa ronde.
   Qu'eft-ceci ? dit-il à fon monde,
Je trouve bien peu d'herbe en tous ces râteliers.
Cette litiere eft vieille, allez vîte aux greniers.
Je veux voir déformais vos bêtes mieux foignées.
Que coûte-t-il d'ôter toutes ces Araignées ?
Ne fauroit-on ranger ces jougs & ces colliers ?
En regardant à tout, il voit une autre tête
Que celles qu'il voyoit d'ordinaire en ce lieu.
Le Cerf eft reconnu : chacun prend un épieu :
   Chacun donne un coup à la bête.
Ses larmes ne fauroient la fauver du trépas.
On l'emporte, on la fale, on en fait maint repas,
   Dont maint voifin s'éjouit d'être.

Phédre (1) fur ce fujet dit fort élégamment,
   Il n'eft pour voir que l'œil du Maître.
Quant à moi, j'y mettrois encor l'œil de l'Amant.

_____

(1) Phédre, excellent Auteur de Fables, qu'il a écrites en vers
Latins, d'un ftyle fort femblable à celui de *Terence.*

FABLE XXII.

*L'Alouette & ses petits, avec le Maître
d'un Champ.*

NE t'attens qu'à toi seul, c'est un commun proverbe.
    Voici comme Esope le mit
        (1) En crédit.

Les Alouettes font leur nid

(1) Par la Fable suivante, qui nous a été conservée en Latin par *Aulu-Gelle*, L. II. c. 29.

On n'a qu'à comparer la maniére de conter d'*Aulu-Gelle*, assez élégante, avec celle de *La Fontaine*, pour être convaincu que *La Fontaine* a trouvé l'art d'embellir ses originaux, qu'il leur prête des graces si naturelles, qu'en les imitant il devient original lui-même, & un original, qui, selon toutes les apparences, restera long-temps inimitable.

Dans les bléds quand ils font en herbe,
C'eft-à-dire environ le temps
Que tout aime, & que tout pullule dans le monde :
Monftres marins au fond de l'onde,
Tigres dans les forêts, Alouettes aux champs.
Une pourtant de ces derniéres
Avoit laiffé paffer la moitié d'un Printemps
Sans goûter les plaifirs des amours printanniéres,
A toute force enfin elle fe réfolut
D'imiter la nature ; & d'être mere encore.
Elle bâtit un nid, pond, couve, & fait éclore,
A la hâte, le tout alla du mieux qu'il put.
Les bléds d'alentour mûrs, avant que (2) la nitée
Se trouvât affez forte encor
Pour voler & prendre l'effor,
De mille foins divers l'Alouette agitée,
S'en va chercher pâture, avertit fes enfans
D'être toujours au guet & faire fentinelle.
Si le poffeffeur de ces champs
Vient avecque fon fils, comme il viendra, dit-elle,
Ecoutez bien : felon ce qu'il dira,
Chacun de nous décampera.
Si-tôt que l'Alouette eut quitté fa famille,
Le poffeffeur du champ vient avecque fon fils.
Ces bléds font mûrs, dit-il, allez chez nos amis
Les prier que chacun apportant fa faucille,
Nous vienne aider demain dès la pointe du jour.

(2) On trouve *nitée* dans l'E-dition *in-quarto* de 1668. & ce qui prouve qu'en effet La Fontaine a employé *nitée*, qui eft en ufage dans quelques Provinces, c'eft qu'il a laiffé ce mot dans l'Edition de 1678. qu'il a eu foin d'accompagner lui-même d'un très-bon *Errata.*

Notre Alouette de retour,
Trouve en alarme ſa couvée.
L'une commence : Il a dit que l'aurore levée,
L'on fît venir demain ſes amis pour l'aider.
S'il n'a dit que cela, repartit l'Alouette,
Rien ne nous preſſe encor de changer de retraite :
Mais c'eſt demain qu'il faut tout de bon écouter.
Cependant ſoyez gais : voilà de quoi manger.
Eux repûs, tout s'endort, les petits & la mere.
L'aube du jour arrive ; & d'amis point du tout.
L'Alouette à l'eſſor, le Maître s'en vient faire
     Sa ronde, ainſi qu'à l'ordinaire.
Ces bléds ne devroient pas, dit-il, être debout,
Nos amis ont grand tort, & tort qui ſe repoſe
Sur de tels pareſſeux à ſervir ainſi lents.
     Mon fils, allez chez nos parens
     Les prier de la même choſe.
L'épouvante eſt au nid plus forte que jamais.
Il a dit ſes parens, mere, c'eſt à cette heure......
     Non, mes enfans, dormez en paix :
     Ne bougeons de notre demeure.
L'Alouette eut raiſon, car perſonne ne vint.
Pour la troiſiéme fois le Maître ſe ſouvint
De viſiter ſes bléds. Notre erreur eſt extrême,
Dit-il, de nous attendre à d'autres gens que nous.
Il n'eſt meilleur ami ni parent que ſoi-même.
Retenez bien cela, mon fils ; & ſavez-vous
Ce qu'il faut faire ? Il faut qu'avec notre famille,
Nous prenions dès demain chacun une faucille :
C'eſt-là notre plus court ; & nous acheverons
     Notre moiſſon quand nous pourrons.

Dès lors que le deſſein fut ſû de l'Alouette,
C'eſt à ce coup qu'il faut décamper, mes enfans :
    Et les petits en même temps
    Voletans, ſe culebutans,
    Délogerent tous ſans trompette.

Fin du quatriéme Livre.

LIVRE CINQUIE'ME.
FABLE PREMIERE.
Le Bûcheron & Mercure.
A M. le C. D. B.

VOtre goût a servi de régle à mon ouvrage :
J'ai tenté les moyens d'acquérir son suffrage.
Vous voulez qu'on évite un soin trop curieux,
Et des (1) vains ornemens l'effort ambitieux :

(1) Ornemens inutiles & af-
fectés. Horace qui les nomme
des *ornemens ambitieux*, nous
dit expressément qu'un esprit
juste & éclairé les retranchera
sans façon de tout écrit soumis à
sa critique. *Ambitiosa recidet or-*

namenta. De Arte Poëtica, &c.
v. 447. La Fontaine a bien pro-
fité du conseil d'Horace, ce
qu'on ne peut dire que d'un très-
petit nombre d'Ecrivains, tant
anciens que modernes.

Tome I.   R

Je le veux comme vous : cet effort ne peut plaire.
Un Auteur gâte tout quand il veut trop bien faire.
Non qu'il faille bannir certains traits délicats :
Vous les aimez, ces traits ; & je ne les hais pas.
Quant au principal but qu'Esope se propose,
  J'y tombe au moins mal que je puis.
Enfin, si dans ces Vers je ne plais & n'instruis,
Il ne tient pas à moi, c'est toujours quelque chose.
  Comme la force est un point
  Dont je ne me pique point,
Je tâche d'y tourner le vice en ridicule,
Ne pouvant l'attaquer avec des bras d'Hercule.
C'est là tout mon talent : je ne sai s'il suffit.
  Tantôt je peins en un récit
La sotte Vanité jointe avecque l'Envie,
Deux pivots sur qui roule aujourd'hui notre vie.
  Tel est ce chétif animal
Qui voulut en grosseur au Bœuf se rendre égal.
J'oppose quelquefois par une double image
Le vice à la vertu, la sottise au bon sens,
  Les Agneaux aux Loups ravissans,
La Mouche à la Fourmi, faisant de cet ouvrage
Une ample Comédie à cent Actes divers,
  Et dont la Scéne est l'Univers.
Hommes, Dieux, Animaux, tout y fait quelque rôle,
Jupiter comme un autre. Introduisons celui
Qui porte de sa part aux Belles la parole :
Ce n'est pas de cela qu'il s'agit aujourd'hui.

  Un Bûcheron perdit son gagne-pain ;
  C'est sa cognée ; & la cherchant en vain,

Ce fut pitié là-deſſus de l'entendre.
Il n'avoit pas des outils à revendre.
Sur celui-ci rouloit tout ſon (2) avoir.
Ne ſachant donc où mettre ſon eſpoir.
Sa face étoit de pleurs toute baignée.
O ma cognée ! O ma pauvre cognée !
S'écrioit-il, Jupiter ren-la-moi :
Je tiendrai l'être encore un coup de toi.
Sa plainte fut de l'Olympe entendue.
Mercure vient. Elle n'eſt pas perdue,
Lui dit ce Dieu, la connoîtras-tu bien ?
Je crois l'avoir près d'ici rencontrée.
Lors une d'or à l'homme étant montrée,
Il répondit : Je n'y demande rien.
Une d'argent ſuccéde à la premiére :
Il la refuſe. Enfin une de bois.
Voilà, dit-il, la mienne cette fois :
Je ſuis content ſi j'ai cette derniére.
Tu les auras, dit le Dieu, toutes trois.
Ta bonne foi ſera récompenſée.
En ce cas-là je les prendrai, dit-il.
L'Hiſtoire en eſt auſſi-tôt diſperſée.
Et Boquillons de perdre leur outil,
Et de crier pour ſe le faire rendre.
Le Roi des Dieux ne ſait auquel entendre.
Son fils Mercure aux criards vient encor.
A chacun d'eux il en montre une d'or.
Chacun eût crû paſſer pour une bête
De ne pas dire auſſi-tôt : La voilà.

(2) *Avoir*, vieux mot, qui ſignifioit *bien*, *richeſſe*, & que La Fontaine employe ici dans le même ſens.

Mercure, au lieu de donner celle-là,
Leur en décharge un grand coup fur la tête.

Ne point mentir, être content du fien,
C'eſt le plus fûr : cependant on s'occupe
A dire faux pour attraper du bien.
Que fert cela ? Jupiter n'eſt pas dupe.

FABLE II.

Le Pot de terre & le Pot de fer.

LE Pot de fer propofa
Au Pot de terre un voyage.
Celui-ci s'en excufa,
Difant, (1) qu'il feroit que fage

(1) C'eſt-à-dire , *qu'il feroit fort ſagement. Il feroit que ſage ,* eſt uue expreſſion un peu furannée , mais qui ſe trouve communément dans nos vieux Auteurs, fans en excepter Amyot lui-même , l'Ecrivain le plus correct & le plus poli de ſon temps , qui l'a employée dans ſa traduction de Plutarque. *Tu fais que ſage , Géminius ,* dit-il dans la Vie de Marc-Antoine, ch. 12.

de confeſſer la vérité avant qu'on te donne la gehenne pour te la faire dire. La Fontaine touché de la naïveté de cette expreſſion, s'eſt fait un plaiſir d'en orner ſon ſtyle. Mais un Correcteur d'imprimerie , fort éloigné d'en ſentir la naïveté , la trouvant barbare parce qu'il ne l'entendoic pas, a cru faire merveille de mettre à la place, *qu'il feroit plus ſage ;* & cette prétendue correc-

De garder le coin du feu,
Car il lui falloit si peu,
Si peu, que la moindre chose
De son débris seroit cause :
Il n'en reviendroit morceau.
Pour vous, dit-il, dont la peau
Est plus dure que la mienne,
Je ne vois rien qui vous tienne.
Nous vous mettrons à couvert,
Repartit le Pot de fer :
Si quelque matiére dure
Vous menace d'aventure,
Entre deux je passerai,
Et du coup vous sauverai.
Cette offre le persuade.
Pot de fer son camarade
Se met droit à ses côtés.
Mes gens s'en vont à trois pieds
Clopin clopant comme ils peuvent,
L'un contre l'autre jettés,
Au moindre hoquet qu'ils treuvent.

Le Pot de terre en souffre : il n'eut pas fait cent
   pas,
Que par son compagnon il fut mis en éclats,
   Sans qu'il eût lieu de se plaindre.

tion a été reçue dans toutes les Editions des Fables de la Fontaine qui ont paru depuis en France, en Hollande, &c. quoique dans l'Edition de Paris de 1678. corrigée par La Fontaine lui-méme, il y eût, *qu'il seroit* que *sage,* comme dans toutes les Editions précédentes, ce qui auroit dû tenir en respect cet imprudent Correcteur, ou du moins empêcher les Editeurs qui sont venus après lui, de marcher aveuglément sur ses traces.

Ne nous affocions qu'avecque nos égaux,
    Ou bien il nous faudra craindre
    Le deftin d'un de ces Pots.

FABLE III.

Le petit Poisson & le Pêcheur.

P Etit Poisson deviendra grand,
Pourvû que Dieu lui prête vie.
Mais le lâcher en attendant,
Je tiens pour moi que c'est folie :
Car de le rattraper il n'est pas trop certain.

Un Carpeau qui n'étoit encore que fretin,
Fut pris par un Pêcheur au bord d'une riviere.
Tout fait nombre, dit l'homme en voyant son butin,
Voilà commencement de chére & de festin :
    Mettons-le en notre gibeciére.
Le pauvre Carpillon lui dit en sa maniére,
Que ferez-vous de moi ? Je ne saurois fournir,

Au plus qu'une demi-bouchée.
Laissez-moi Carpe devenir :
Je serai par vous repêchée.
Quelque gros Partisan m'achetera bien cher ?
Au lieu qu'il vous en faut chercher
Peut-être encor cent de ma taille
Pour faire un plat. Quel plat ? Croyez-moi, rien qui
vaille.
Rien qui vaille ? Et bien soit, repartit le Pêcheur,
Poisson, mon bel ami, qui faites le prêcheur,
Vous irez dans la poëfle ; & vous avez beau dire,
Dès ce soir on vous fera frire.

Un (1) *tien*, vaut, ce dit-on, mieux que deux, *tu*
l'auras.
L'un est sûr, l'autre ne l'est pas.

(1) *Pren cela*, je te le donne.

FABLE IV.

Les Oreilles du Liévre.

UN animal cornu bleſſa de quelques coups
  Le Lion, qui plein de courroux,
  Pour ne plus tomber en la peine,
  Bannit des lieux de ſon domaine
Toute bête portant des cornes à ſon front.
Chévres, Béliers, Taureaux auſſi-tôt délogerent,
  Dains & Cerfs de climat changerent :
  Chacun à s'en aller fut prompt.
Un Liévre appercevant l'ombre de ſes oreilles,
  Craignit que quelque (1) Inquiſiteur
N'allât interpreter à cornes leur longueur,

(1) Délateur, qui fait métier de noircir, de décrier les actions les plus innocentes.

Ne les soûtînt en tout à des cornes pareilles.
Adieu, voisin Grillon, dit-il, je pars d'ici :
Mes oreilles enfin seroient cornes aussi ;
Et quand je les aurois plus courtes qu'une Autruche,
Je craindrois même encor. Le Grillon repartit :
　　Cornes cela ! Vous me prenez pour cruche :
　　　　Ce sont oreilles que Dieu fit.
　　　　On les fera passer pour cornes,
Dit l'animal craintif, & cornes de (2) Licornes.
J'aurai beau protester : mon dire & mes raisons
　　　　Iront aux petites (3) Maisons.

(2) Animal qui n'a qu'une corne très-sensible au bas du front.

(3) Lieu où l'on renferme les fous à Paris.

FABLE V.

Le Renard qui a la queue coupée.

UN vieux Renard, mais des plus fins,
Grand croqueur de Poulets, grand preneur de Lapins,
    Sentant son (1) Renard d'une lieue,
    Fut enfin au piége attrapé.
Par grand hazard en étant échappé,
Non pas franc, car pour gage il y laissa sa queue,
S'étant, dis-je, sauvé, sans queue & tout honteux,
Pour avoir des pareils, (comme il étoit habile)
Un jour que les Renards tenoient conseil entr'eux,
Que faisons-nous, dit-il, de ce poids inutile,
Et qui va balayant tous les sentiers fangeux ?
Que nous sert cette queue ? Il faut qu'on se la coupe.

(1) Connu pour le plus rusé de ce quartier-là.

Si l'on me croit, chacun s'y réfoudra.
Votre avis eft fort bon, dit quelqu'un de la troupe,
Mais tournez-vous, de grace, & l'on vous répondra.
A ces mots il fe fit une telle huée,
Que le pauvre écourté ne put être entendu.

Prétendre ôter la queue eût été temps perdu :
La mode en fût continuée.

FABLE VI.

La Vieille & les deux Servantes.

IL étoit une Vieille ayant deux Chambriéres.
Elles filoient si bien, que les sœurs (1) filandiéres
Ne faisoient que brouiller au prix de celles-ci.
La Vieille n'avoit point de plus pressant souci
Que de distribuer aux Servantes leur tâche :
Dès que (2) Thétis (3) chassoit Phœbus aux crins dorés,
Tourets entroient en jeu, fuseaux étoient tirés,
    Deçà, delà, vous en aurez :
    Point de cesse, point de relâche.

(1) Les trois Parques, occu-pées à filer la vie des hommes.

(2) Déesse de la Mer, & la Mer même, d'où les Poëtes sup-posent que le Soleil, qu'ils nom-ment *Phœbus*, se leve tous les matins, après s'y être allé cou-cher tous les soirs.

(3) C'est-à-dire, *dès que le Soleil se levoit.*

Dès que l'Aurore, dis-je, en son char remontoit,
Un misérable Coq à point nommé chantoit :
Aussi-tôt notre Vieille, encor plus misérable,
S'affubloit d'un jupon crasseux & détestable,
Allumoit une lampe, & couroit droit au lit,
Où, de tout leur pouvoir, de tout leur appétit,
   Dormoient les deux pauvres Servantes.
L'une entr'ouvroit un œil, l'autre étendoit un bras ;
   Et toutes deux, très-mal contentes,
Disoient entre leurs dents : Maudit Coq, tu mourras.
Comme elles l'avoient dit, la bête fut gripée.
Le (4) Réveille-matin eut la gorge coupée.
Ce meurtre n'amanda nullement leur marché.
Notre couple, au contraire, à peine étoit couché,
Que la Vieille craignant de laisser passer l'heure,
Couroit comme un lutin par toute sa demeure.

   C'est ainsi que le plus souvent,
Quand on pense sortir d'une mauvaise affaire,
   On s'enfonce encor plus avant :
   Témoin ce couple & son salaire.
La Vieille, au lieu du Coq, les fit tomber par là
   De (5) Caribde en Scylla.

---

(4) Comme le Coq chante régulierement au point du jour, La Fontaine s'est avisé fort à propos de lui donner le nom de *Réveille-matin*, nom propre de cette espece de Montres, qui, faites pour carillonner à telle heure qu'on veut, servent à réveiller ceux qui les montent, pour être éveillés précisément à cette heure-là.

(5) Deux Ecueils dans le dé-troit qui sépare l'Italie de la Sicile : dont l'un, funeste aux Vaisseaux qui s'approchoient de trop près des côtes d'Italie, se nommoit *Scylla* ; & l'autre, Gouffre horrible en Sicile, vis-à-vis de Scylla, se nommoit *Caribde*. Il arrivoit souvent qu'on donnoit contre l'un de ces Ecueils en voulant éviter l'autre ; ce qui a fondé le Proverbe, *Tomber de Caribde en Scylla.*

FABLE VII.

Le Satyre & le Paſſant.

AU fond d'un antre ſauvage,
Un Satyre & ſes enfans
Alloient manger leur potage
Et prendre l'écuelle aux dents.

On les eût vûs ſous la mouſſe
Lui, ſa femme & maint petit :
Ils n'avoient tapis ni houſſe,
Mais tous fort bon appétit.

Pour ſe ſauver de la pluie,
Entre un paſſant morfondu.
Au brouet on le convie,
Il n'étoit pas attendu.

Son

Son hôte n'eut pas la peine
De le (*a*) femondre deux fois.
D'abord avec fon haleine
Il fe réchauffe les doigts.

Puis, fur le mets qu'on lui donne,
Délicat, il fouffle auffi.
Le Satyre s'en étonne :
Notre hôte, à quoi bon ceci ?

L'un refroidit mon potage,
L'autre réchauffe ma main.
Vous pouvez, dit le Sauvage,
Reprendre votre chemin.

Ne plaife aux Dieux que je couche
Avec vous fous même toit.
Arriere ceux (1) dont la bouche
Souffle le chaud & le froid.

(*a*) Vieux mot, qui fignifie *inviter, convier.*

(1) Qui difent d'une même perfonne, d'un même Fait, le blanc & le noir, le pour & le contre, louans & blâmans indifféremment toutes chofes, dans des vûes intéreffées, fans aucun refpect pour la vérité.

FABLE VIII.

Le Cheval & le Loup.

UN certain Loup, dans la faison
Que les tiédes Zéphirs ont l'herbe rajeunie,
Et que les animaux quittent tous la maifon,
    Pour s'en aller chercher leur vie,
Un Loup, dis-je, au fortir des rigueurs de l'hyver,
Apperçut un Cheval qu'on avoit mis au vert.
    Je laiffe à penfer quelle joie.
Bonne chaffe, dit-il, qui l'auroit à fon croc.
Eh que n'es-tu Mouton! car tu me ferois (1) hoc :
Au lieu qu'il faut rufer pour avoir cette proie :

(1) *Tu ferois à moi,* par allu-
fion à une forte de jeu de cartes
qu'on nomme *le Hoc,* où l'on
dit *hoc* en jettant fur le tapis certaines cartes qui font gagner
ceux qui les jouent.

Rufons donc. Ainfi dit, il vient à pas comptés,
Se dit Ecolier d'Hippocrate :
Qu'il connoît les vertus & les propriétez
De tous les fimples de ces prez :
Qu'il fait guérir, fans qu'il fe flatte,
Toutes fortes de maux. Si Dom Courfier vouloit
Ne point céler fa maladie,
Lui Loup, gratis le guériroit :
Car le voir dans cette prairie,
Paître ainfi fans être lié,
Témoignoit quelque mal, felon la Médecine.
J'ai, dit la bête chevaline,
Une apoftume fous le piéd.
Mon fils, dit le Docteur, il n'eft point de partie
Sufceptible de tant de maux.
J'ai l'honneur de fervir Noffeigneurs les Chevaux,
Et fais auffi la Chirurgie.
Mon galand ne fongeoit qu'à bien prendre fon temps,
Afin de haper fon malade.
L'autre qui s'en doutoit, lui lâche une ruade,
Qui vous lui met en marmelade
Les mandibules & les dents.
C'eft bien fait, dit le Loup en foi-même fort trifte,
Chacun à fon métier doit toujours s'attacher.
Tu veux faire ici (2) l'Herborifte,
Et ne fus jamais que Boucher.

(2) Qui s'applique à la connoiffance des Plantes.

FABLE IX.

Le Laboureur & ses Enfans.

TRavaillez, prenez de la peine :
C'est le fonds qui manque le moins.

Un riche Laboureur sentant sa mort prochaine,
Fit venir ses enfans, leur parla sans témoins.
Gardez-vous, leur dit-il, de vendre l'héritage
    Que nous ont laissé nos parens :
    Un trésor est caché dedans.
Je ne sais pas l'endroit, mais un peu de courage
Vous le fera trouver, vous en viendrez à bout.
Remuez votre champ dès qu'on aura fait l'Oût,
Creusez, fouillez, bêchez, ne laissez nulle place
    Où la main ne passe & repasse.

Le pere mort, les fils vous retournent le champ,
Deçà, delà, par tout : si bien qu'au bout de l'an
    Il en rapporta davantage.
D'argent, point de caché. Mais le pere fut sage
    De leur montrer avant sa mort,
    Que le travail est un tréfor.

FABLE X.

La Montagne qui accouche.

UNe Montagne en mal d'enfant
Jettoit une clameur fi haute,
Que chacun au bruit accourant,
Crut qu'elle accoucheroit, fans faute,
D'une Cité plus groffe que Paris :
Elle accoucha d'une Souris.

Quand je fonge à cette Fable,
Dont le récit eft menteur,
Et le fens eft véritable,
Je me figure un Auteur
Qui dit : Je chanterai la guerre

Que firent les Titans au Maître du tonnerre.
C'est promettre beaucoup : mais qu'en sort-il souvent ?

Du vent.

FABLE XI.

La Fortune & le jeune Enfant.

SUr le bord d'un puits très-profond,
Dormoit, étendu de son long,
Un Enfant alors dans ses classes.
Tout est aux Ecoliers couchette & matelas.
Un honnête homme, en pareil cas,
Auroit fait un saut de vingt brasses.
Près de là tout heureusement
La Fortune passa, l'éveilla doucement,
Lui disant : Mon mignon, je vous sauve la vie.
Soyez une autre fois plus sage, je vous prie.
Si vous fussiez tombé, l'on s'en fût pris à moi,
Cependant c'étoit votre faute.
Je vous demande en bonne foi

Si

Si cette imprudence si haute
Provient de mon caprice. Elle part à ces mots.

Pour moi, j'approuve son propos.
Il n'arrive rien dans le monde
Qu'il ne faille qu'elle en réponde :
Nous la faisons de tous (1) écots :
Elle est prise à garant de toutes aventures.
Est-on sot, étourdi, prend-on mal ses mesures,
On pense en être quitte en accusant son sort :
Bref, la Fortune a toujours tort.

(1) *Ecot*, est la part que chacun doit payer pour un repas commun. *Faisons-nous une sottise, nous en mettons la meilleure partie sur le compte de la Fortune.* Nous lui faisons payer largement son écot pour le mauvais succès d'une affaire auquel succès elle n'a contribué en aucune maniére.

FABLE XII.

Les Médecins.

LE Médecin (1) Tant-pis alloit voir un malade,
Que visitoit aussi son confrére (2) Tant-mieux.
Ce dernier espéroit, quoique son camarade
Soûtint que le gisant iroit voir ses ayeux.
Tous deux s'étant trouvés différens pour la cure,
Leur malade paya le tribut à Nature.
Après qu'en ses conseils Tant-pis eut été crû,
Ils triomphoient encor sur cette maladie.
L'un disoit : il est mort, je l'avois bien prévû :
S'il m'eût crû, disoit l'autre, il seroit plein de vie.

(1) (2) Médecins d'un caractére opposé, dont l'un faisoit toujours
des pronostics funestes & l'autre des pronostics heureux.

FABLE XIII.

La Poule aux Oeufs d'or.

L'Avarice perd tout en voulant tout gagner.
Je ne veux pour le témoigner
Que celui dont la Poule, à ce que dit la Fable,
Pondoit tous les jours un œuf d'or.
Il crut que dans son corps elle avoit un trésor.
Il la tua, l'ouvrit, & la trouva semblable
A celles dont les œufs ne lui rapportoient rien,
S'étant lui-même ôté le plus beau de son bien.

Belle leçon pour les gens chiches !
Pendant ces derniers temps combien en a-t-on vûs,
Qui du soir au matin sont pauvres devenus,
Pour vouloir trop tôt être riches ?

FABLE XIV.

L'Ane portant des Reliques.

UN Baudet chargé de Reliques,
S'imagina qu'on l'adoroit.
Dans ce penſer il ſe quarroit,
Recevant comme ſiens l'Encens & lês Cantiques.
Quelqu'un vit l'erreur, & lui dit :
Maître Baudet, ôtez-vous de l'eſprit
Une vanité ſi folle.
Ce n'eſt pas vous, c'eſt l'Idole
A qui cet honneur ſe rend,
Et que la gloire en eſt dûe.
D'un Magiſtrat ignorant,
C'eſt la robe qu'on ſalue.

FABLE XV.

Le Cerf & la Vigne.

UN Cerf, à la faveur d'une Vigne fort haute,
Et telle qu'on en voit en de certains climats,
S'étant mis à couvert, & sauvé du trépas,
Les Veneurs pour ce coup croyoient leurs (1) Chiens
   en faute.
Ils les rappellent donc. Le Cerf, hors de danger,
Broute sa bienfaitrice : ingratitude extrême !
On l'entend, on retourne, on le fait déloger :
     Il vient mourir en ce lieu même.
J'ai mérité, dit-il, ce juste châtiment :
Profitez-en, ingrats. Il tombe en ce moment.

(1) Qu'ils avoient perdu la piste de la bête qu'ils chassoient.
                         T iij

La meute en fait (2) curée. Il lui fut inutile
De pleurer aux Veneurs à sa mort arrivés.

Vraie image de ceux qui profanent l'asyle
　　　　Qui les a conservés.

(2) Les Chiens mangent la portion que les Chasseurs leur en donnent, & qu'on nomme *Curée.*

FABLE XVI.

Le Serpent & la Lime.

ON conte qu'un Serpent, voisin d'un Horloger,
(C'étoit pour l'Horloger un mauvais voisinage)
Entra dans sa boutique, & cherchant à manger,
    N'y rencontra pour tout potage
Qu'une lime d'acier qu'il se mit à ronger.
Cette Lime lui dit, sans se mettre en colere,
    Pauvre ignorant ! Et que prétens-tu faire ?
      Tu te prens à plus dur que toi,
      Petit Serpent à tête folle :
      Plûtôt que d'emporter de moi
      Seulement le quart d'une obole,
      Tu te romprois toutes les dents :
      Je ne crains que celles du Temps.
            T iiij

Ceci s'adreſſe à vous, Eſprits du dernier ordre,
Qui n'étant bons à rien, cherchez ſur tout à mordre :
Vous vous tourmentez vainement.
Croyez-vous que vos dents impriment leurs outrages
Sur tant de beaux ouvrages ?
Ils ſont pour vous d'airain, d'acier, de diamant.

FABLE XVII.

Le Liévre & la Perdrix.

IL ne se faut jamais moquer des misérables :
Car qui peut s'assurer d'être toujours heureux ?
  Le sage Esope dans ses Fables
  Nous en donne un exemple ou deux.
  Celui qu'en ces Vers je propose,
  Et les siens, ce sont même chose.

Le Liévre & la Perdrix, concitoyens d'un champ,
Vivoient dans un état, ce semble, assez tranquille :
  Quand une Meute s'approchant,
Oblige le premier à chercher un asyle.
Il s'enfuit dans son fort, met les Chiens en défaut,
  Sans même en excepter Brifaut.

Enfin il fe trahit lui-même
Par les efprits fortans de fon corps échauffé.
Miraut, fur leur odeur ayant philofophé,
Conclut que c'eft fon Liévre ; & d'une ardeur ex-
trême
Il le pouffe ; & Ruftaut, qui n'a jamais menti,
Dit que le Liévre eft reparti.
Le pauvre malheureux vient mourir à fon gîte.
La Perdrix le raille, & lui dit :
Tu te vantois d'être fi vîte :
Qu'as-tu fait de tes piéds ? Au moment qu'elle rit,
Son tour vient, on la trouve. Elle croit que fes aîles
La fauront garantir à toute extrêmité :
Mais la pauvrette avoit compté
Sans l'Autour aux ferres cruelles.

FABLE XVIII.

L'Aigle & le Hibou.

L'Aigle & le Chat-huant leurs querelles cesserent;
  Et firent tant qu'ils s'embrasserent.
L'un jura foi de Roi, l'autre foi de Hibou,
Qu'ils ne se goberoient leurs petits peu ni prou.
Connoissez-vous les miens ? dit l'Oiseau de Minerve.
Non, dit l'Aigle. Tant-pis, reprit le triste Oiseau,
  Je crains en ce cas pour leur peau.
  C'est hazard, si je les conserve.
Comme vous étes Roi, vous ne considérez
Qui ni quoi : Rois & Dieux mettent, quoi qu'on leur
 die ,
  Tout en même (1) catégorie.

(1) Au même rang , sans faire la moindre distinction.

Adieu mes nourriçons ſi vous les rencontrez.
Peignez-les-moi, dit l'Aigle, ou bien me les montrez,
  Je n'y toucherai de ma vie.
Le Hibou repartit : Mes petits ſont mignons,
Beaux, bien faits, & jolis ſur tous leurs compagnons :
Vous les reconnoîtrez ſans peine à cette marque.
N'allez pas l'oublier : retenez-la ſi bien
  Que chez moi la maudite Parque
  N'entre point par votre moyen.
Il avint qu'au Hibou Dieu donna géniture.
De façon qu'un beau ſoir qu'il étoit en pâture,
  Notre Aigle apperçut d'aventure,
  Dans les coins d'une roche dure,
  Ou dans les trous d'une mazure,
  (Je ne ſai pas lequel des deux)
  De petits monſtres fort hideux,
Rechignés, un air triſte, une voix de Mégere.
Ces enfans ne ſont pas, dit l'Aigle, à notre ami :
Croquons-les. Le galand n'en fit pas à demi.
Ses repas ne ſont point repas à la légére.
Le Hibou, de retour, ne trouve que les piéds
De ſes chers nourriçons, hélas ! pour toute choſe.
Il ſe plaint ; & les Dieux ſont par lui ſuppliés
De punir le brigand qui de ſon deuil eſt cauſe.
Quelqu'un lui dit alors : N'en accuſe que toi,
  Ou plûtôt la commune loi,
  Qui veut qu'on trouve ſon ſemblable
  Beau, bien fait, & ſur tous aimable.
Tu fis de tes enfans à l'Aigle ce portrait :
  En avoient-ils le moindre trait ?

FABLE XIX.

Le Lion s'en allant en guerre.

LE Lion dans sa tête avoit une entreprise.
Il tint Conseil de guerre, envoya ses Prévôts,
    Fit avertir les Animaux :
Tous furent du dessein, chacun selon sa guise.
    L'Eléphant devoit sur son dos
    Porter l'attirail nécessaire,
    Et combattre à son ordinaire :
    L'Ours s'apprêter pour les assauts :
Le Renard ménager de certaines pratiques ;
Et le Singe amuser l'ennemi par ses tours.
Renvoyez, dit quelqu'un, les Anes qui sont lourds ;
Et les Liévres sujets à des terreurs paniques.
Point du tout, dit le Roi, je les veux employer.

Notre troupe, fans eux, ne feroit pas complette.
L'Ane effraira les gens, nous fervant de trompette.
Et le Liévre pourra nous fervir de courrier.

Le Monarque prudent & fage,
De fes moindres fujets fait tirer quelque ufage,
Et connoît les divers talens.
Il n'eft rien d'inutile aux perfonnes de fens.

FABLE XX.

L'Ours & les deux Compagnons.

DEux Compagnons pressés d'argent,
A leur voisin Fourreur vendirent
La peau d'un Ours encor vivant,
Mais qu'ils tueroient bien-tôt, du moins à ce qu'ils
dirent.
C'étoit le Roi des Ours, au compte de ces gens.
Le Marchand, à sa peau, devoit faire fortune.
Elle garantiroit des froids les plus cuisans.
On en pourroit fourrer plûtôt deux Robes qu'une.
(1) Dindenaut prisoit moins ses Moutons qu'eux
leur Ours,

(1) Marchand de Moutons, nommé *Dindenaut*, févérement puni pour avoir insulté Panurge, & mis à trop haut prix sa marchandise, comme Rabelais le raconte plaisamment à sa maniére. Voyez *Pantagruel*, Liv. IX. chap. 6. 7. & 8.

Leur, à leur compte, & non à celui de la bête.

S'offrant de la livrer au plus tard dans deux jours,

Ils conviennent de prix, & fe mettent en quête,

Trouvent l'Ours qui s'avance, & vient vers eux au
trot.

Voilà mes gens frappés comme d'un coup de foudre.

Le marché ne tint pas, il fallut le réfoudre :

(2) D'intérêts contre l'Ours, on n'en dit pas un mot.

L'un des deux Compagnons grimpe au faîte d'un
arbre,

L'autre, plus froid que n'eft un marbre,

Se couche fur le nez, fait le mort, tient fon vent,

Ayant quelque part oüi dire,

Que l'Ours s'acharne peu fouvent

Sur un corps qui ne vit, ne meut, ni ne refpire.

Seigneur Ours, comme un fot, donna dans ce panneau.

Il voit ce corps gifant, le croit privé de vie ;

Et de peur de fupercherie,

Le tourne, le retourne, approche fon mufeau,

Flaire aux paffages de l'haleine.

C'eft, dit-il, un cadavre : ôtons-nous, car il fent.

A ces mots, l'Ours s'en va dans la Forêt prochaine.

L'un de nos deux Marchands de fon arbre defcend :

Court à fon compagnon, lui dit que c'eft merveille,

Qu'il n'ait eu feulement que la peur pour tout mal.

Et bien, ajoûta-t-il, la peau de l'animal ?

Mais que t'a-t-il dit à l'oreille ?

(2) Quant à la peine & à la dépenfe qu'avoit coûté cette expédition, contre l'Ours, on ne *lui en dit pas un mot*, pour en obtenir le dédommagement.

Car

Car il t'approchoit de bien près,
Te retournant avec sa serre.
Il m'a dit qu'il ne faut jamais
Vendre la peau de l'Ours qu'on ne l'ait mis par terre.

FABLE XXI.

L'Ane vétu de la peau du Lion.

DE la peau du Lion l'Ane s'étant vétu,
Etoit craint par tout à la ronde ;
Et bien qu'animal sans vertu,
Il faisoit trembler tout le monde.
Un petit bout d'oreille échappé par malheur,
Découvrit la fourbe & l'erreur.
(1) Martin fit alors son office.
Ceux qui ne savoient pas la ruse & la malice,
S'étonnoient de voir que Martin
Chassât les Lions au moulin.

Force gens font du bruit en France,

(1) Valet de Meûnier, armé d'un gros bâton.

Par qui cet Apologue eſt rendu familier.
Un équipage cavalier
Fait les trois quarts de leur vaillance.

Fin du cinquiéme Livre.

LIVRE SIXIÉME.

FABLE PREMIERE.

Le Pâtre & le Lion.

Les Fables ne font pas ce qu'elles femblent être :
Le plus fimple animal nous y tient lieu de Maître.
Une Morale nue apporte de l'ennui :
Le Conte fait paffer le Précepte avec lui.
En ces fortes de feintes il faut inftruire & plaire ;
Et conter pour conter me femble peu d'affaire.
C'eft par cette raifon, qu'égayant leur efprit,
Nombre de gens fameux en ce genre ont écrit.
Tous ont fui l'ornement & le trop d'étendue.
On ne voit point chez eux de parole perdue.

Phédre étoit ſi ſuccinct qu'aucuns l'en ont blâmé,
Eſope en moins de mots s'eſt encore exprimé.
Mais ſur tous certain (1) Grec renchérit & ſe pique
            D'une élégance (2) laconique.
Il renferme toujours ſon Conte en quatre Vers :
Bien ou mal, je le laiſſe à juger aux Experts.
Voyons-le avec Eſope en un ſujet ſemblable.
L'un améne un Chaſſeur, l'autre un Pâtre en ſa Fable.
J'ai ſuivi leur projet quant à l'événement,
Y couſant en chemin quelque trait ſeulement.
Voici comme, à peu près, Eſope le raconte.

Un Pâtre à ſes Brebis trouvant quelque mécompte,
Voulut à toute force attraper le Larron.
Il s'en va près d'un antre ; & tend à l'environ
Des lacs à prendre Loups, ſoupçonnant cette en-
    geance.
            Avant que partir de ces lieux,
Si tu fais, diſoit-il, ô Monarque des Dieux,
Que le drôle à ces lacs ſe prenne en ma préſence,
        Et que je goûte ce plaiſir,
        Parmi vingt Veaux je veux choiſir
        Le plus gras, & t'en faire offrande.
A ces mots ſort de l'antre un Lion grand & fort.
Le Pâtre ſe tapit, & dit à demi mort :
Que l'homme ne ſait guére, hélas ! ce qu'il demande !
Pour trouver le Larron qui détruit mon troupeau,
Et le voir dans ces lacs pris avant que je parte,
O Monarque des Dieux, je t'ai promis un Veau :

(1) *Gabrias.*   (2) Très ſuccincte, comme
                 celle des Lacédémoniens.

Je te promets un Bœuf si tu fais qu'il s'écarte.

C'eſt ainſi que l'a dit le principal Auteur :
Paſſons à ſon imitateur.

FABLE II.

Le Lion & le Chasseur.

UN Fanfaron, amateur de la chasse,
Venant de perdre un Chien de bonne race,
Qu'il soupçonnoit dans le corps d'un Lion,
Vit un Berger. Enseigne-moi, de grace,
De mon voleur, lui dit-il, la maison,
Que de ce pas je me fasse raison.
Le Berger dit : C'est vers cette montagne.
En lui payant de tribut un Mouton
Par chaque mois, j'erre dans la campagne
Comme il me plaît, & je suis en repos.
Dans le moment qu'ils tenoient ces propos,
Le Lion sort, & vient d'un pas agile.
Le Fanfaron aussi-tôt d'esquiver,

O

O Jupiter, montre-moi quelque afyle,
S'écria-t-il, qui me puiſſe ſauver.

La vraie épreuve de courage
N'eſt que dans le danger que l'on touche du doigt :
Tel le cherchoit, dit-il, qui, changeant de langage,
S'enfuit auſſi-tôt qu'il le voit.

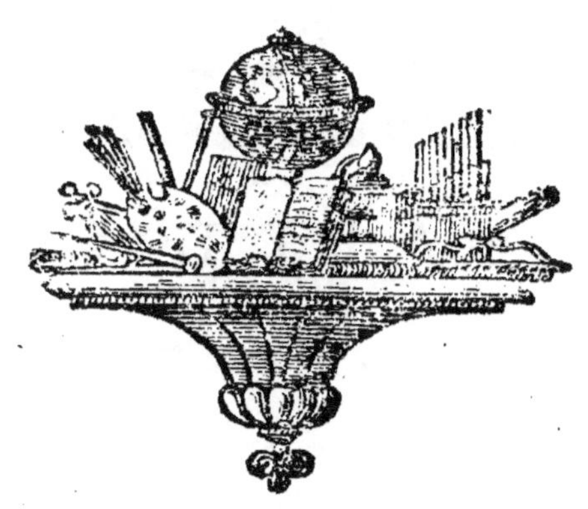

FABLE III.

(1) *Phœbus & Borée.*

B Orée & le Soleil virent un Voyageur,
　　　Qui s'étoit muni par bonheur
Contre le mauvais temps.　On entroit dans l'Au-
　　tomne,
　Quand la précaution aux Voyageurs est bonne :
Il pleut, le Soleil luit ; & l'écharpe d'Iris
　　　Rend ceux qui sortent avertis
(2) Qu'en ces mois le manteau leur est fort nécessaire.

---

(1) Le Soleil, & le vent du Nord, qui est en général très-violent.

(2) A cause de la pluie, qui forme actuellement l'Arc-en-Ciel, à la faveur des rayons du Soleil.

Les Latins les nommoient (3) douteux pour cette
  affaire.
Notre homme s'étoit donc à la pluie attendu.
Bon manteau bien doublé, bonne étoffe bien forte.
Celui-ci, dit le Vent, prétend avoir pourvû
A tous les accidens , mais il n'a pas prévû
      Que je saurai souffler de sorte,
Qu'il n'est bouton qui tienne : il faudra, si je veux,
      Que le manteau s'en aille au diable.
L'ébattement pourroit nous en être agréable :
Vous plaît-il de l'avoir ? Et bien , gageons nous deux
     (Dit Phœbus) sans tant de paroles ,
A qui plûtôt aura dégarni les épaules
     Du Cavalier que nous voyons.
Commencez : je vous laisse obscurcir mes rayons.
Il n'en fallut pas plus. Notre souffleur à gage
Se gorge de vapeurs , s'enfle comme un balon ,
     Fait un vacarme de démon ,
Siffle , souffle , tempête , & brise en son passage.
Maint toit qui n'en peut mais , fait périr maint bateau :
     Le tout au sujet d'un manteau.
Le Cavalier eut soin d'empêcher que l'orage
     Ne se pût engoufrer dedans.
Cela le préserva : le Vent perdit son temps :
Plus il se tourmentoit, plus l'autre tenoit ferme :
Il eut beau faire agir le colet & les plis.
     Si-tôt qu'il fut au bout du terme
     Qu'à la gageure on avoit mis,
     Le Soleil dissipe la nue ,

(3) Incertains. *Incertis* si *mensibus* amnis abundans exit. *Virg.*
Georg. L. I. v. III. 112.

        X ij

Récrée, & puis pénétre enfin le Cavalier,
　　Sous son balandras fait qu'il sue,
　　Le contraint de s'en dépouiller.
Encor n'usa-t-il pas de toute sa puissance.

　　Plus fait douceur que violence.

FABLE IV.

Jupiter & le Métayer.

JUpiter eut jadis une Ferme à donner.
Mercure en fit l'annonce ; & gens se présenterent,
    Firent des offres, écouterent :
    Ce ne fut pas sans bien tourner.
    L'un alléguoit que l'héritage
Etoit (1) frayant & rude ; & l'autre un autre si.

(1) *Héritage frayant*, qu'on ne peut mettre en valeur sans faire de grosses dépenses. Les Fermiers & les Paysans de Champagne, & des environs de Château-Thierry où est né La Fontaine, se servent fort communément des mots *frayant & frayer*. La Vigne, disent-ils, & certaines Terres labourables *frayent beaucoup*, c'est-à-dire, que la culture de la Vigne & de certains Champs exige des frais & des soins considérables. C'est ce-que j'ai appris d'une Demoiselle Champenoise, d'un esprit très-juste & très-délicat, qui fait observer & retenir exactement

Pendant qu'ils marchandoient ainfi,
Un d'eux le plus hardi, mais non pas le plus fage,
Promit d'en rendre tant, pourvû que Jupiter
　　　Le laiffât difpofer de l'aïr,
　　　Lui donnât faifon à fa guife,
Qu'il eût du chaud, du froid, du beau temps, de la bife,
　　　Enfin du fec & du mouillé,
　　　Auffi-tôt qu'il auroit bâillé.
Jupiter y confent. Contrat paffé : notre homme
Tranche du Roi des airs, pleut, vente ; & fait en
　　fomme
Un climat pour lui feul : fes plus proches voifins
Ne s'en fentoient non plus que les Américains.
Ce fut leur avantage, ils eurent bonne année,
　　　Pleine moiffon, pleine vinée.
Monfieur le Receveur fut très-mal partagé.
　　　L'an fuivant, voilà tout changé.
　　　Il ajufte d'une autre forte
　　　La température des Cieux.
　　　Son champ ne s'en trouve pas mieux.
Celui de fes voifins fructifie & rapporte.
Que fait-il ? Il recourt au Monarque des Dieux :
　　　Il confeffe fon imprudence.
Jupiter en ufa comme un Maître fort doux.

　　　Concluons que la Providence
　　　Sait ce qu'il nous faut mieux que nous.

---

ce qui mérite d'être obfervé. Le mot de *frayer* eft préfente-ment inconnu à la Langue Fran-çoife dans ce fens-là ; & c'eft pourtant de *frayer* qu'eft venu *défrayer*, terme fort connu, fort ufité, & dont le fens conferve un rapport très-fenfible avec ce-lui de *frayer* que lui donnent les Payfans de Champagne.

FABLE V.

Le Cochet, le Chat & le Souriceau.

UN Souriceau tout jeune, & qui n'avoit rien vû,
    Fut presque pris au dépourvû.
Voici comme il conta l'aventure à sa mere.

J'avois franchi les Monts qui bornent cet Etat;
    Et trottois comme un jeune Rat
    Qui cherche à se donner carriére,
Lorsque deux animaux m'ont arrêté les yeux :
    L'un doux, benin & gracieux ;
Et l'autre turbulent & plein d'inquiétude.
    Il a la voix perçante & rude :
    Sur la tête un morceau de chair,
Une sorte de bras dont il s'éleve en l'air,

X iiij

Comme pour prendre fa volée ,
La queue en panache étalée.
Or c'étoit un Cochet dont notre Souriceau
Fit à fa mere le tableau ,
Comme d'un Animal venu de l'Amérique.
Il fe battoit, dit-il , les flancs avec fes bras ,
Faifant tel bruit & tel fracas ,
Que moi, qui grace aux Dieux , de courage me pique,
En ai pris la fuite de peur ,
Le maudiffant de très-bon cœur.
Sans lui j'aurois fait connoiffance
Avec cet animal qui m'a femblé fi doux.
Il eft velouté comme nous ,
Marqueté , longue queue , une humble contenance ,
Un modefte regard , & pourtant l'œil luifant.
Je le crois fort fympatifant
Avec Meffieurs les Rats : car il a des oreilles
En figure aux nôtres pareilles.
Je l'allois aborder , quand , d'un fon plein d'éclat ,
L'autre m'a fait prendre la fuite.
Mon fils , dit la Souris , ce doucet eft un Chat ,
Qui , fous fon minois hypocrite ,
Contre toute ta parenté
D'un malin vouloir eft porté.
L'autre animal , tout au contraire ,
Bien éloigné de nous mal faire ,
Servira quelque jour peut-être à nos repas.
Quant au Chat , c'eft fur nous qu'il fonde fa cuifine.
Garde-toi, tant que tu vivras ,
De juger des gens fur la mine.

FABLE VI.

Le Renard, le Singe & les Animaux.

LEs Animaux, au décès d'un Lion,
En son vivant, Prince de la contrée,
Pour faire un Roi s'assemblerent, dit-on.
De son étui la Couronne est tirée.
Dans une (1) chartre un Dragon la gardoit.
Il se trouva que sur tous essayée,
A pas un d'eux elle ne convenoit.
Plusieurs avoient la tête trop menue,
Aucuns trop grosse, aucuns même cornue.
Le Singe aussi fit l'épreuve en riant;

(1) Le mot de *Chartre* signifie proprement une Prison, & nos vieux Romanciers l'employent souvent en ce sens-là. Il se prend ici pour un lieu propre à mettre quelque chose en sûreté.

Et, par plaisir, la Thiare essayant,
Il fit autour force grimaceries,
Tours de souplesse, & mille singeries,
Passa dedans ainsi qu'en un cerceau.
Aux Animaux cela sembla si beau,
Qu'il fut élû : chacun lui fit hommage.
Le Renard seul regretta son suffrage,
Sans toutefois montrer son sentiment.
Quand il eut fait son petit compliment,
Il dit au Roi : Je sai, Sire, une cache ;
Et ne crois pas qu'autre que moi la sache.
Or tout trésor, par droit de Royauté,
Appartient, Sire, à votre Majesté.
Le nouveau Roi bâille après la finance :
Lui-même y court pour n'être pas trompé.
C'étoit un piége : il y fut attrapé.
Le Renard dit, au nom de l'assistance :
Prétendrois-tu nous gouverner encor,
Ne sachant pas te conduire toi-même ?
Il fut démis, & l'on tomba d'accord,
Qu'à peu de gens convient le Diadême.

FABLE VII.

Le Mulet se vantant de sa Généalogie.

LE Mulet d'un Prélat se piquoit de noblesse ;
  Et ne parloit incessamment
  Que de sa mere la Jument,
  Dont il contoit mainte prouesse.
Elle avoit fait ceci, puis avoit été là.
  Son fils prétendoit pour cela ,
  Qu'on le dût mettre dans l'Histoire.
Il eût crû s'abaisser servant un Médecin.
Etant devenu vieux, on le mit au moulin.
Son pere l'Ane alors lui revint en mémoire.

  Quand le malheur ne seroit bon

Qu'à mettre un fot à la raifon ,
Toujours feroit-ce à jufte caufe ,
Qu'on le dit bon à quelque chofe,

FABLE VIII.

Le Vieillard & l'Ane.

UN Vieillard fur fon Ane apperçut en paffant
  Un pré plein d'herbe & fleuriffant.
Il y lâche fa bête ; & le Grifon fe rue
  Au travers de l'herbe menue,
  Se veautrant, grattant & frottant,
  Gambadant, chantant & broutant,
  Et faifant mainte place nette.
  L'Ennemi vient fur l'entrefaite.
  Fuyons, dit alors le vieillard.
  Pourquoi ? répondit le paillard,
Me fera-t-on porter double bât, double charge ?
Non pas, dit le vieillard, qui prit d'abord le large,
Et que m'importe donc, dit l'Ane, à qui je fois ?

Sauvez-vous, & me laiſſez paître.
Notre ennemi, c'eſt notre Maître,
Je vous le dis en bon François.

FABLE IX.

Le Cerf se voyant dans l'eau.

DAns le cristal d'une fontaine,
Un Cerf se mirant autrefois,
Louoit la beauté de son bois;
Et ne pouvoit qu'avecque peine
Souffrir ses jambes de fuseaux,
Dont il voyoit l'objet se perdre dans les eaux.
Quelle proportion de mes piéds à ma tête !
Disoit-il, en voyant leur ombre avec douleur :
Des taillis les plus hauts mon front atteint le faîte :
Mes piéds ne me font point d'honneur.
Tout en parlant de la sorte,
Un (1) Limier le fait partir :

(1) Gros Chien, bon pour la chasse du Cerf.

Il tâche à se garantir,
Dans les forêts il s'emporte.
Son bois, dommageable ornement,
L'arrêtant à chaque moment,
Nuit à l'office que lui rendent
Ses piéds, de qui ses jours dépendent.
Il se dédit alors, & maudit les présens
Que le Ciel lui fait tous les ans.

Nous faisons cas du beau, nous méprisons l'utile;
Et le beau souvent nous détruit.
Ce Cerf blâme ses piéds qui le rendent agile:
Il estime un bois qui lui nuit.

FABLE

FABLE X.

Le Liévre & la Tortue.

RIen ne sert de courir : il faut partir à point.
Le Liévre & la Tortue en sont un témoignage.

Gageons, dit celle-ci, que vous n'atteindrez point
Si-tôt que moi ce but. Si-tôt ? Etes-vous sage ?
     Repartit l'animal léger.
     Ma commere, il vous faut purger
     Avec quatre grains d'Ellébore.
     Sage ou non, je parie encore.
     Ainsi fut fait, & de tous deux
     On mit près du but les enjeux.
     Savoir quoi, ce n'est pas l'affaire ;
     Ni de quel Juge l'on convint.
Tome I.   Y

Notre Liévre n'avoit que quatre pas à faire,
J'entens de ceux qu'il fait, lorſquè prêt d'être atteint,
Il s'éloigne des Chiens, les renvoye (1) aux Ca-
lendes,
　　　　Et leur fait arpenter les (2) Landes.
Ayant, dis-je, du temps de reſte pour brouter,
　　　　Pour dormir, & pour écouter
　　D'où vient le vent, il laiſſe la Tortue
　　　　Aller ſon train de Sénateur.
　　　　Elle part, elle s'évertue,
　　　　Elle ſe hâte avec lenteur.
Lui cependant mépriſe une telle victoire,
　　　　Tient la gageure à peu de gloire,
　　　　Croit qu'il y va de ſon honneur
De partir tard. Il broute, il ſe repoſe,
　　　　Il s'amuſe à toute autre choſe
　　Qu'à la gageure. A la fin, quand il vit
Que l'autre touchoit preſque au bout de la car-
riére;
Il partit comme un trait, mais les élans qu'il fit
Furent vains : la Tortue arriva la premiére.
Hé bien, lui cria-t-elle, avois-je-pas raiſon?

(1) S'en éloigne ſi bien, que les Chiens ne peuvent le rattrapper, & ſe trouvent par-là dans le cas où eſt un créancier que ſes débiteurs renvoyent aux Calendes Grecques, terme de payement tout-à-fait chimérique, parce qu'il n'y a point de jour dans l'année que les Grecs ayent nommé *Calendes. Quand ſerez-vous hors de debte?* demanda *Pantagruel. Es Calendes Grec-* *ques,* répondit *Panurge; lorſ-* *que tout le monde ſera content,&c.* *Pantagruel,* Liv. III. chap. 3. La Fontaine ſuppoſant ſon Lecteur déjà inſtruit ſur ce point de Littérature fort trivial, & qu'on doit avoir appris au Collége, s'eſt contenté de dire que le Liévre renvoye les Chiens *aux Ca-* *lendes.*

(2) Terres ſtériles, incultes, fort propres pour la chaſſe.

Dequoi vous fert votre viteffe ?
Moi l'emporter ! Et que feroit-ce
Si vous portiez une maifon ?

FABLE XI.

L'Ane & ſes Maîtres.

L'Ane d'un Jardinier ſe plaignoit au Deſtin
De ce qu'on le faiſoit lever devant l'Aurore.
Les Coqs, lui diſoit-il, ont beau chanter matin,
  Je ſuis plus matineux encore.
Et pourquoi ? Pour porter des herbes au marché.
Belle néceſſité d'interrompre mon ſomme !
  Le Sort, de ſa plainte touché,
Lui donne un autre Maître ; & l'animal de ſomme
Paſſe du Jardinier aux mains d'un Corroyeur.
La peſanteur des peaux, & leur mauvaiſe odeur
Eurent bien-tôt choqué l'impertinente bête.
J'ai regret, diſoit-il, à mon premier Seigneur :
  Encor quand il tournoit la tête,

J'attrappois, s'il m'en souvient bien,
Quelque morceau de chou qui ne me coûtoit rien :
Mais ici (1) point d'aubaine, ou si j'en ai quelqu'une,
C'est de coups. Il obtint changement de fortune ;
Et sur l'état d'un Charbonnier
Il fut couché tout le dernier.
Autre plainte. Quoi donc, dit le Sort en colere,
Ce Baudet-ci m'occupe autant
Que cent Monarques pourroient faire,
Croit-il être le seul qui ne soit pas content ?
N'ai-je en l'esprit que son affaire ?

Le Sort avoit raison : tous gens sont ainsi faits ;
Notre condition jamais ne nous contente ;
La pire est toujours la présente.
Nous fatiguons le Ciel à force de placets.
Qu'à chacun Jupiter accorde sa requête,
Nous lui romprons encor la tête,

(1) Nul profit casuel, nulle bonne aventure.

FABLE XII.

Le Soleil & les Grenouilles.

Aux nôces d'un Tyran tout le Peuple en liesse
    Noyoit son souci dans les pots.
Esope seul trouvoit que les gens étoient sots
    De témoigner tant d'allegresse.
Le Soleil, disoit-il, eut dessein autrefois
    De songer à l'Hyménée.
Aussi-tôt on oüit, d'une commune voix,
    Se plaindre de leur destinée
    Les Citoyennes des Etangs.
    Que ferons-nous, s'il lui vient des enfans?
    Dirent-elles au Sort : un seul Soleil à peine
    Se peut souffrir : une demi douzaine
Mettra la Mer à sec, & tous ses habitans.

Adieu joncs & marais : notre race eſt détruite :
Bien-tôt on la verra réduite
A l'eau du Styx. Pour un pauvre animal,
Grenouilles , à mon ſens, ne raiſonnoient pas mal.

FABLE XIII.

Le Villageois & le Serpent.

ESope conte qu'un Manant
Charitable autant que peu sage,
Un jour d'hyver se promenant
A l'entour de son héritage,
Apperçut un Serpent sur la neige étendu,
Transi, gelé, perclus, immobile rendu,
N'ayant pas à vivre un quart d'heure.
Le Villageois le prend, l'emporte en sa demeure,
Et sans considérer quel sera le loyer
D'une action de ce mérite,
Il l'étend le long du foyer,
Le réchauffe, le ressuscite.
L'animal engourdi sent à peine le chaud,

Que

Que l'ame lui revient avecque la colere.
Il léve un peu la tête, & puis siffle aussi-tôt,
Puis fait un long repli, puis tâche à faire un saut
Contre son bienfaiteur, son sauveur & son pere.
Ingrat, dit le manant, voilà donc mon salaire ?
Tu mourras. A ces mots, plein d'un juste courroux,
Il vous prend sa cognée, il vous trenche la bête,
  Il fait trois Serpens de deux coups,
  Un tronçon, la queue, & la tête.
L'insecte, sautillant, cherche à se réunir,
  Mais il ne put y parvenir.

  Il est bon d'être charitable :
  Mais envers qui, c'est là le point.
  Quant aux ingrats, il n'en est point
  Qui ne meure enfin misérable.

FABLE XIV.

Le Lion malade & le Renard.

DE par le Roi des Animaux,
Qui dans ſon antre étoit malade,
Fut fait ſavoir à ſes vaſſaux
Que chaque eſpece en Ambaſſade
Envoyât gens le viſiter,
Sous promeſſe de bien traiter
Les Députés, eux & leur ſuite :
Foi de Lion très-bien écrite.
Bon paſſeport contre la dent,
Contre la griffe tout autant.
L'Edit du Prince s'éxecute.
De chaque eſpece on lui députe.
Les Renards gardant la maiſon,

Un d'eux en dit cette raifon :
Les pas empreints fur la pouffiére,
Par ceux qui s'en vont faire au malade leur cour,
Tous, fans exception, regardent fa taniére :
Pas un ne marque de retour.
Cela nous met en méfiance.
Que fa Majefté nous difpenfe.
Grand-merci de fon paffeport.
Je le crois bon, mais dans cet antre
Je vois fort bien comme l'on entre,
Et ne vois pas comme on en fort.

FABLE XV.

L'Oiseleur, l'Autour & l'Alouette.

LEs injustices des pervers
Servent souvent d'excuse aux nôtres.
Telle est la loi de l'Univers :
Si tu veux qu'on t'épargne, épargne aussi les autres.

Un Manant au miroir prenoit des Oisillons.
Le fantôme brillant attire une Alouette.
Aussi-tôt un Autour planant sur les sillons,
Descend des airs, fond & se jette
Sur celle qui chantoit, quoique près du tombeau.
Elle avoit évité la perfide machine,
Lorsque se rencontrant sous la main de l'oiseau,

Elle fent fon (1) ongle maligne.
Pendant qu'à la plumer l'Autour eft occupé,
Lui-même fous les rets demeure enveloppé.
Oifeleur, laiffe-moi, dit-il en fon langage :
    Je ne t'ai jamais fait de mal.
L'Oifeleur repartit : Ce petit animal
    T'en avoit-il fait davantage ?

(1) Quoique le mot d'*Ongle* foit mafculin, La Fontaine le fait ici féminin, felon l'ufage de quelques Provinces, où l'on ne lui donne point d'autre genre.

FABLE XVI.

Le Cheval & l'Ane.

EN ce monde il se faut l'un l'autre secourir.
    Si ton voisin vient à mourir,
    C'est sur toi que le fardeau tombe.

Un Ane accompagnoit un Cheval peu courtois,
Celui-ci ne portant que son simple harnois,
Et le pauvre Baudet si chargé qu'il succombe.
Il pria le Cheval de l'aider quelque peu :
Autrement il mourroit devant qu'être à la ville.
La priére, dit-il, n'en est pas incivile :
Moitié de ce fardeau ne vous sera que jeu.
Le Cheval refusa, fit une petarrade,
Tant qu'il vit sous le faix mourir son camarade ;

Et reconnut qu'il avoit tort.
Du Baudet, en cette aventure,
On lui fit porter la voiture,
Et la peau pardeſſus encor.

Z iiij

FABLE XVII.

Le Chien qui lâche sa proie pour l'ombre.

CHacun se trompe ici bas :
On voit courir après l'ombre
Tant de fous qu'on n'en sait pas ,
La plûpart du temps le nombre.
Au Chien dont parle Esope, il faut les renvoyer.
Ce Chien voyant sa proie en l'eau représentée ,
La quitta pour l'image , & pensa se noyer :
La riviere devint tout d'un coup agitée ,
A toute peine il regagna les bords ;
Et n'eut ni l'ombre , ni le corps.

FABLE XVIII.

Le Chartier embourbé.

LE Phaëton d'une voiture à foin
Vit son char embourbé. Le pauvre homme étoit loin
De tout humain secours. C'étoit à la campagne,
Près d'un certain canton de la basse Bretagne,
    Appellé Quinpercorentin.
    On sait assez que le Destin
Adresse là les gens quand il veut qu'on enrage :
    Dieu nous préserve du voyage.

Pour venir au Chartier embourbé dans ces lieux,
Le voilà qui déteste & jure de son mieux,
    Pestant en sa fureur extrême,
Tantôt contre les trous, puis contre ses Chevaux,

Contre son char, contre lui-même.
Il invoque à la fin le Dieu, dont les travaux
Sont si célébres dans le monde.
Hercule, lui dit-il, aide-moi : si ton dos
A porté la machine ronde,
Ton bras peut me tirer d'ici.
Sa priére étant faite, il entend dans la nue
Une voix qui lui parle ainsi :
Hercule veut qu'on se remue,
Puis il aide les gens. Regarde d'où provient
L'achopement qui te retient :
Ote d'autour de chaque roue
Ce malheureux mortier, cette maudite boue,
Qui jusqu'à l'essieu les enduit.
Pren ton pic & me romps ce caillou qui te nuit.
Comble-moi cette orniére. As-tu fait ? Oui, dit
   l'homme.
Or bien je vais t'aider, dit la voix : pren ton fouet.
Je l'ai pris. Qu'est-ceci ? mon char marche à souhait,
Hercule en soit loué. Lors la voix : Tu vois comme
Tes Chevaux aisément se sont tirés de là.
        Aide-toi, le Ciel t'aidera.

FABLE XIX.

Le Charlatan.

LE monde n'a jamais manqué de Charlatans.
  Cette science, de tout temps,
  Fut en Professeurs très-fertile.
Tantôt l'un en Théatre affronte (1) l'Acheron;
  Et l'autre affiche par la ville
  Qu'il est un Passe-Ciceron.
  Un des derniers se vantoit d'être
  En éloquence si grand maître,
  Qu'il rendroit disert un badaut,
  Un manant, un rustre, un lourdaut :

(1) Affronte la mort, faisant sur lui-même des épreuves très-périlleuses en apparence, pour justifier aux yeux des Spectateurs la bonté de son Antidote.

Oui, Messieurs, un lourdaut, un animal, un Ane ?
Que l'on m'améne un Ane, un Ane renforcé,
    Je le rendrai maître passé ;
    Et veux qu'il porte la (2) soutane.
Le Prince sut la chose : il manda le Rhéteur.
    J'ai, dit-il, en mon écurie
    Un fort beau (3) Roussin d'Arcadie,
    J'en voudrois faire un Orateur.
Sire, vous pouvez tout, reprit d'abord notre homme,
    On lui donna certaine somme.
    Il devoit au bout de dix ans
    Mettre son Ane sur les (a) bancs :
Sinon, il consentoit d'être en place publique
Guindé la hare au col, étranglé court & net,
    Ayant au dos sa Rhétorique,
    Et ses oreilles d'un Baudet.
Quelqu'un des Courtisans lui dit qu'à la potence
Il vouloit l'aller voir ; & que, pour un pendu,
Il auroit bonne grace, & beaucoup de prestance :
Sur tout qu'il se souvint de faire à l'assistance
Un discours où son art fût au long étendu,
Un discours pathétique, & dont le formulaire
    Servît à certains Cicerons
    Vulgairement nommés larrons.
    L'autre reprit : Avant l'affaire

---

(2) Robe longue que portent les Bâcheliers en licence.

(3) Comme l'Arcadie nourrit peu de Chevaux, mais grand nombre d'Anes, on s'est avisé d'appeller l'Ane, un *Roussin d'Arcadie*, par pure plaisanterie. Car du reste, *le Roussin est proprement & en bon François, un Cheval entier, un peu épais, & entre deux tailles*, comme on peut voir dans le Dictionnaire de l'Académie Françoise.

(a) Des Ecoles publiques.

Le Roi, l'Ane, ou moi nous mourrons.

Il avoit raiſon. C'eſt folie
De compter ſur dix ans de vie.
Soyons bien buvans, bien mangeans,
Nous devons à la mort de trois l'un en dix ans.

FABLE XX.

La Discorde.

LA Déeſſe Diſcorde ayant brouillé les Dieux,
Et fait un grand procès là-haut pour une (*a*) pomme,
On la fit déloger des Cieux.
Chez l'animal qu'on appelle homme
On la reçut à bras ouverts.
Elle, (1) & Que-ſi-que-non ſon frere,
Avecque Tien-&-mien, ſon pere,
Elle nous fit l'honneur en ce bas Univers
De préférer notre Hémiſphére

(*a*) La Pomme d'or prétendue par *Junon, Pallas & Vénus* ;
& qui fut donnée à la derniere
par *Pâris.*
  (1) *Que ſi, que non :* termes

que répetent inceſſamment ceux
qui ſont en diſpute, l'un pour
affirmer ce que l'autre nie. Les
uns diſent *que ſi,* & les autres
que non. Scarron, *Poëſ.*

A celui des (2) mortels qui nous font oppofés,
      Gens groffiers, peu civilifés,
Et qui fe mariant fans Prêtre & fans Notaire,
      De la Difcorde n'ont que faire.
Pour la faire trouver aux lieux où le befoin
      Demandoit qu'elle fût préfente,
      La Renommée avoit le foin
De l'avertir ; & l'autre diligente,
Couroit vîte aux débats, & prévenoit la Paix,
Faifoit, d'une étincelle, un feu long à s'éteindre.
La Renommée enfin commença de fe plaindre
      Que l'on ne lui trouvoit jamais
      De demeure fixe & certaine.
Bien fouvent l'on perdoit à la chercher fa peine.
Il falloit donc qu'elle eût un féjour affecté,
Un féjour d'où l'on pût, en toutes les familles,
      L'envoyer à jour arrêté.
Comme il n'étoit alors aucun Couvent de Filles,
      On y trouva difficulté.
      L'Auberge enfin de l'Hymenée
      Lui fut pour maifon affignée.

(2) Nous les nommons nos Antipodes ; & nous fommes leurs Antipodes à leur égard, étant oppofés à eux comme ils le font à nous.

FABLE XXI.

La jeune Veuve.

LA perte d'un Epoux ne va point sans soupirs.
On fait beaucoup de bruit, & puis on se console.
Sur les aîles du Temps la tristesse s'envole :
    Le temps raméne les plaisirs.

    Entre la veuve d'une année,
    Et la veuve d'une journée,
La différence est grande. On ne croiroit jamais
    Que ce fût la même personne.
L'une fait fuir les gens, & l'autre a mille attraits :
Aux soupirs vrais ou faux celle-là s'abandonne :
C'est toujours même note, & pareil entretien :
    On dit qu'on est inconsolable :

                  On

On le dit, mais il n'en eſt rien,
Comme on verra par cette Fable,
Ou plûtôt par la vérité.
L'Epoux d'une jeune beauté
Partoit pour l'autre monde. A ſes côtés ſa femme
Lui crioit : Attens-moi, je te ſuis : & mon ame,
Auſſi-bien que la tienne, eſt prête à s'envoler.
Le mari fait ſeul le voyage.
La Belle avoit un pere, homme prudent & ſage :
Il laiſſa le torrent couler.
A la fin, pour la conſoler,
Ma fille, lui dit-il, c'eſt trop verſer de larmes :
Qu'a beſoin le défunt que vous noyiez vos char-
mes ?
Puiſqu'il eſt des vivans, ne ſongez plus aux morts.
Je ne dis pas que tout à l'heure
Une condition meilleure
Change en des nôces ces tranſports :
Mais après certain temps, ſouffrez qu'on vous pro-
poſe
Un Epoux beau, bien fait, jeune, & tout autre
choſe
Que le défunt. Ah ! dit-elle auſſi-tôt,
Un Cloître eſt l'Epoux qu'il me faut.
Le pere lui laiſſa digérer ſa diſgrace.
Un mois de la ſorte ſe paſſe.
L'autre mois, on l'emploie à changer tous ſes jours
Quelque choſe à l'habit, au linge, à la coëffure :
Le deuil enfin ſert de parure,
En attendant d'autres atours.
Toute la bande des Amours

Revient au (1) colombier : les jeux, les ris, la danſe
Ont auſſi leur tour à la fin.
On ſe plonge ſoir & matin
Dans la (2) fontaine de Jouvence.
Le pere ne craint plus ce défunt tant chéri :
Mais comme il ne parloit de rien à notre Belle,
Où donc eſt le jeune mari
Que vous m'avez promis ? dit-elle.

(1) Les Amours rentrent en foule dans le cœur de la Veuve, leur véritable domaine, leur ſéjour naturel & ordinaire : ce que La Fontaine a pris plaiſir d'appeller *Revenir au Colombier,* expreſſion proverbiale, qui a été introduite dans la Langue, par alluſion à ce que font les Pigeons, qui tranſportez bien loin de chez eux, reviennent toujours au Colombier, où ils ont reçû leur premiere nourriture.

(2) Dans les plaiſirs dont la Jeuneſſe aime à faire ſon unique amuſement. Par la *Fontaine de Jouvence* (fiction Romaneſque) on entend une eau qui a la propriété de rajeunir ceux qui en boivent.

Grand dommage eſt que ceci ſoit ſornettes :
Filles connois qui ne ſont pas jeunettes,
A qui cette Eau de Jouvence viendroit
Bien à propos.

Plaiſante concluſion d'un ancien Rondeau, qu'on peut voir à la fin du XIVe. Chapitre des *Caractères de ce ſiécle.*

(1) *E P I L O G U E.*

B Ornons ici cette carriére.
Les longs ouvrages me font peur.
Loin d'épuifer une matiére,
On n'en doit prendre que la fleur.
Il s'en va temps que je reprenne
Un peu de forces & d'haleine,
Pour fournir à d'autres projets.
Amour, ce tyran de ma vie,
Veut que je change de fujets :
Il faut contenter fon envie.
(2) Retournons à Pfyché : Damon, vous m'exhortez

(1) Conclufion.
(2) Ici La Fontaine veut parler d'un petit Ouvrage en Profe
& en Vers, où il a raconté très-

agréablement *les Aventures de
Pfyché*, mais qu'il n'avoit pas
encore achevé quand il dit, *Retournons à Pfyché.* Quoique le

Aa ij

A peindre ſes malheurs & ſes félicitez.
     J'y conſens : peut-être ma veine
     En ſa faveur s'échauffera.
Heureux ſi ce travail eſt la derniere peine
     Que ſon Epoux me cauſera !

fond de cet Ouvrage ſoit tiré d'*Apulée*, Auteur Latin, La Fontaine a trouvé le ſecret de l'enrichir de pluſieurs beaux Tableaux de ſon invention, qui, ſelon l'opinion la plus générale, mettent l'Ouvrage François au deſſus de l'original Latin.

Fin du ſixiéme Livre, & du Tome premier.